Ce Livre appartient à :
This book belongs to :

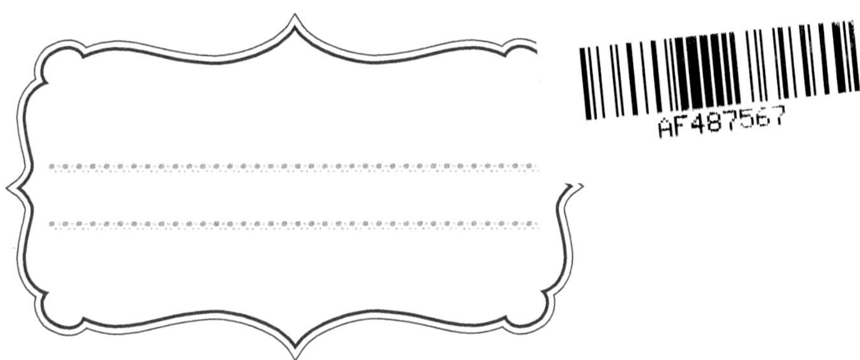

Apprendre l'anglais d'une façon amusante et drôle avec ce livre de mots mêlés.

Ce livre contient au total 66 grilles de mots mêlés avec les solutions.

Traduisez tous les mots de chaque grille

Un lexique complet des 1000 mots les plus courants

Une façon génial de s'amuser, se détendre et apprendre la langue de shakespeare

Merci beaucoup d'avoir acheté notre livre de mots mêlés.

Pourriez-vous nous laisser un commentaire ? Nous aimerions connaître vos réactions, vos opinions et vos conseils pour créer de meilleurs produits et services pour vous !

Liste de Mots 1

```
N  Y  L  O  J  V  W  H  C  R  Z  U  G  Z
T  O  R  A  B  I  L  I  T  Y  L  G  B  A
O  B  I  M  V  F  M  A  H  S  O  L  M  A
D  A  Z  T  G  A  A  C  C  O  U  N  T  B
O  X  C  S  A  V  B  R  N  D  Z  W  E  L
A  Y  A  C  M  R  P  O  S  O  L  F  D  E
C  T  A  C  O  A  T  S  U  K  I  J  N  B
C  I  D  N  T  R  C  S  J  T  D  T  H  C
E  V  D  C  A  U  D  T  I  O  Y  A  C  J
P  I  R  Z  A  D  A  I  F  N  Y  H  F  A
T  T  E  O  B  O  D  L  N  Q  I  L  I  H
F  C  S  Y  O  D  J  T  L  G  Y  M  S  T
D  A  S  N  V  Q  U  Y  M  Y  I  M  D  U
S  P  W  S  E  I  U  V  X  Y  F  E  S  A
```

Liste de mots

ability	_____	able	_____	about	_____
above	_____	accept	_____	according	_____
account	_____	across	_____	act	_____
action	_____	activity	_____	actually	_____
add	_____	address	_____	administration	_____

Liste de Mots 2

```
U  B  K  N  Q  A  U  T  X  Z  P  D  D  E
A  D  M  I  T  L  G  A  S  Q  A  Y  P  D
B  X  A  D  U  L  T  E  H  N  O  I  A  O
G  W  A  M  X  X  F  L  C  D  I  E  K  T
Q  H  G  K  G  A  K  H  O  B  H  A  B  L
D  R  R  Y  I  W  L  W  I  A  D  Q  G  A
Q  G  E  R  O  A  L  L  W  A  M  O  T  A
W  I  E  R  F  S  F  R  U  G  L  I  D  G
A  L  M  T  A  N  G  P  R  R  G  P  E  E
G  O  E  G  Q  X  J  N  S  E  I  X  W  N
E  R  N  P  Y  A  F  I  D  E  J  S  L  T
N  D  T  Y  G  G  K  A  F  F  E  C  T  M
C  F  Q  O  J  H  N  G  F  E  E  S  F  P
Y  E  D  X  Z  Y  F  A  A  G  U  B  P  X
```

Liste de mots

admit _____	adult _____	affect _____	
after _____	again _____	against _____	
age _____	agency _____	agent _____	
ago _____	agree _____	agreement _____	
ahead _____	air _____	all _____	

Liste de Mots 3

```
F  D  N  A  W  W  G  U  Y  V  I  I  I  R
D  C  R  I  G  N  I  A  L  A  W  N  H  U
H  S  B  F  O  G  A  L  L  A  Z  G  A  U
Y  B  M  L  A  R  P  M  T  L  U  E  N  Q
H  R  A  A  O  I  R  O  O  O  L  U  I  R
N  S  Y  A  W  L  A  S  H  U  R  U  M  A
M  M  J  Y  F  M  R  T  S  P  N  Z  A  M
O  A  L  P  D  E  L  I  C  M  R  T  L  E
A  W  J  C  H  A  S  P  R  G  E  H  Y  R
F  O  A  T  A  Y  K  N  W  N  H  W  U  I
C  M  O  L  L  L  C  X  Q  O  V  Q  S  C
W  N  Y  A  S  I  O  Z  Q  M  L  X  C  A
A  T  N  T  I  O  U  N  B  A  V  L  S  N
L  A  F  G  V  A  L  R  E  A  D  Y  A  Y
```

Liste de mots

allow ______	almost ______	alone ______	
along ______	already ______	also ______	
although ______	always ______	American ______	
among ______	amount ______	analysis ______	
and ______	animal ______	another ______	

Liste de Mots 4

```
W  O  P  K  I  W  E  V  G  Y  E  W  M  X
A  H  A  R  T  S  T  N  J  C  S  K  B  Y
K  P  X  K  K  B  I  A  P  P  L  Y  Z  Q
J  S  P  D  A  H  N  F  T  G  O  Z  D  H
U  T  O  E  T  P  Y  L  L  Y  Y  E  R  Q
E  E  Y  Y  A  R  P  A  A  N  A  Z  E  P
L  F  N  A  S  R  R  R  E  N  A  R  R  Y
C  A  D  G  C  O  E  M  O  R  S  B  E  R
I  S  N  L  U  N  R  V  R  A  P  W  S  A
T  F  P  N  O  Q  P  I  Z  I  C  Z  E  O
R  P  D  Y  L  P  V  W  T  Y  Y  H  P  R
A  C  N  R  G  E  O  D  J  M  W  N  J  L
R  A  D  T  L  D  R  Q  Z  A  M  X  A  Y
A  R  T  I  S  T  D  B  A  R  G  U  E  Z
```

Liste de mots

answer _____	any _____	anyone _____	
anything _____	appear _____	apply _____	
approach _____	area _____	argue _____	
arm _____	around _____	arrive _____	
art _____	article _____	artist _____	

Liste de Mots 5

```
X  A  R  O  E  C  N  E  I  D  U  A  Z  U
A  U  D  A  Y  T  A  H  D  S  H  E  S  F
O  T  W  S  S  F  V  T  A  W  A  Y  A  U
W  H  T  W  S  K  E  N  T  A  Q  B  I  T
Z  O  B  E  H  Q  A  M  V  O  B  A  C  K
D  R  B  U  N  K  Z  A  U  A  R  J  O  V
U  I  L  A  Z  T  I  W  E  S  O  N  W  W
N  T  O  G  B  L  I  A  V  A  S  C  E  Z
F  Y  I  V  A  Y  L  O  U  T  H  A  S  Y
S  W  Q  B  A  V  Z  R  N  T  D  M  K  W
Q  X  L  U  L  H  B  T  Z  A  H  T  R  J
J  E  G  Q  K  P  A  Q  R  C  Z  O  U  N
K  P  K  K  Z  I  E  F  B  K  E  B  R  O
N  S  V  G  C  J  O  H  A  N  J  V  P  P
```

Liste de mots

as	ask	assume	
at	attack	attention	
attorney	audience	author	
authority	available	avoid	
away	baby	back	

Liste de Mots 6

```
H  L  U  O  B  E  A  T  H  G  J  Z  Y  I
M  R  F  H  U  C  E  R  O  F  E  B  U  I
B  B  U  B  O  E  B  Q  B  A  D  N  E  P
E  N  J  E  V  N  O  D  Z  P  W  E  J  A
C  H  N  U  I  N  K  P  B  F  C  P  A  K
O  I  O  G  G  V  G  T  A  A  A  Q  J  N
M  G  E  W  L  C  A  J  C  R  G  L  L  Q
E  B  L  U  F  I  T  U  A  E  B  Z  L  D
V  Z  Z  W  U  G  B  E  D  P  S  U  Q  Y
S  E  S  U  A  C  E  B  K  E  K  A  H  D
K  S  R  O  I  V  A  H  E  B  L  P  B  M
N  N  B  S  S  N  Z  S  X  L  Q  X  K  D
Y  J  A  C  F  Q  I  X  A  U  V  P  H  B
I  E  R  B  D  X  P  B  Y  H  E  Q  J  U
```

Liste de mots

bad _____	bag _____	ball _____
bank _____	bar _____	base _____
be _____	beat _____	beautiful _____
because _____	become _____	bed _____
before _____	begin _____	behavior _____

Liste de Mots 7

```
L  E  H  M  N  E  E  W  T  E  B  J  R  D
I  V  Y  Q  X  B  I  L  L  I  O  N  D  L
O  E  L  S  P  L  B  K  B  U  V  X  L  C
B  I  T  O  L  E  B  V  E  F  B  I  N  Z
M  L  I  Y  T  L  S  N  Y  B  B  I  L  H
Q  E  B  T  O  E  M  Q  O  G  E  R  G  A
Z  B  E  O  C  J  X  M  N  E  J  S  R  F
S  R  D  G  E  M  A  K  D  Y  K  Z  T  R
R  K  L  E  M  P  L  J  Y  Y  D  Z  K  K
W  B  U  V  C  B  Z  O  X  F  L  C  H  T
M  L  I  B  E  H  I  N  D  T  A  M  I  A
B  L  J  W  D  R  A  O  B  L  W  G  Z  C
B  E  N  E  F  I  T  E  B  B  O  A  B  A
C  B  T  I  B  I  G  T  Q  K  T  C  U  I
```

Liste de mots

behind	_____	believe	_____	benefit	_____
best	_____	better	_____	between	_____
beyond	_____	big	_____	bill	_____
billion	_____	bit	_____	black	_____
blood	_____	blue	_____	board	_____

Liste de Mots 8

B	Z	S	B	U	S	I	N	E	S	S	B	W	L
L	I	D	P	B	O	D	Y	B	P	M	Y	G	N
A	R	E	M	A	C	C	U	R	Q	V	T	E	S
Z	Q	P	H	H	A	F	N	E	Y	Q	L	F	Z
B	I	W	R	L	R	R	G	A	U	U	M	N	V
I	U	X	L	Y	O	N	J	K	M	G	N	D	E
W	H	T	O	B	I	Z	R	E	H	T	O	R	B
N	T	B	K	R	B	Y	D	L	I	U	B	U	U
P	L	D	B	H	W	B	A	X	Y	M	I	R	N
W	Y	X	V	P	E	E	P	B	J	L	N	A	L
S	O	F	T	K	G	C	V	O	D	O	F	P	K
B	A	N	O	O	A	Q	J	I	K	Z	Y	P	E
X	K	F	N	O	A	Y	N	T	E	G	D	U	B
H	K	E	T	B	Q	G	F	Z	T	C	A	G	K

Liste de mots

body	_____	book	_____	born	_____
both	_____	box	_____	boy	_____
break	_____	bring	_____	brother	_____
budget	_____	build	_____	building	_____
business	_____	call	_____	camera	_____

Liste de Mots 9

F P C C F S D E S X G S U Z
N C F E I U L S K Y L Y N C
V A G N L L U U C H B R M A
U M D T B J D A J X A R P S
C P J E V A N C Z I V A A E
A A Q R N D F Z R N C C D C
T I H T I C P R G K P A H Q
C G U D A W E H L L E C R B
H N A R R C B M D C Z Z S E
D T E C N X O P C A J G R B
E E C A A R T A A R T I S R
R M C X M N C M R D H W N N
P U K M C Z R D R V I Z S H
C A X F C A P I T A L J C N

Liste de mots

campaign	can	cancer	
candidate	capital	car	
card	care	career	
carry	case	catch	
cause	cell	center	

Liste de Mots 10

```
C  H  A  N  C  E  Y  R  U  T  N  E  C  I
E  Z  D  E  C  J  Q  M  B  Y  J  D  K  L
K  S  T  L  S  H  M  Z  L  O  H  U  C  A
Q  C  R  X  I  F  E  N  C  W  B  H  A  R
S  Z  H  Q  O  H  I  C  I  H  A  N  E  T
U  I  F  Y  U  A  C  T  K  R  O  S  P  N
Y  G  G  D  T  B  H  X  G  Z  O  I  W  E
C  H  A  R  A  C  T  E  R  O  K  H  C  C
S  H  E  R  R  C  Q  E  H  I  S  W  R  E
X  C  R  U  R  Z  H  C  G  N  J  A  T  D
F  W  H  Y  K  M  P  A  N  N  I  X  G  V
I  C  V  K  A  C  C  W  I  Z  A  H  C  Q
C  E  R  T  A  I  N  R  I  R  N  H  G  K
C  H  A  L  L  E  N  G  E  O  O  I  C  S
```

Liste de mots

central ______	century ______	certain ______	
certainly ______	chair ______	challenge ______	
chance ______	change ______	character ______	
charge ______	check ______	child ______	
choice ______	choose ______	church ______	

Liste de Mots 11

```
M  C  Q  T  D  N  X  S  Q  A  A  P  D  U
T  I  L  X  O  V  L  Y  H  E  S  O  L  C
C  A  A  E  M  P  K  R  G  B  L  C  D  K
O  C  L  L  A  C  L  A  S  S  D  L  J  I
L  F  O  S  C  R  E  A  C  L  E  E  U  B
L  U  M  M  B  Q  C  L  O  I  T  A  U  K
E  H  G  T  E  X  I  C  M  V  P  R  W  A
C  F  C  Y  T  C  T  B  M  I  D  L  V  E
T  I  I  A  O  M  Y  V  E  C  J  Y  L  G
I  A  T  L  O  D  O  K  R  X  E  W  G  E
O  V  O  I  K  C  F  C  C  M  O  P  G  L
N  R  Y  R  Z  Y  A  I  I  T  B  G  O  L
Q  T  F  M  Y  E  C  R  A  W  Z  C  C  O
A  M  D  O  Z  B  N  B  L  D  T  I  M  C
```

Liste de mots

citizen ______	city ______	civil ______	
claim ______	class ______	clear ______	
clearly ______	close ______	coach ______	
cold ______	collection ______	college ______	
color ______	come ______	commercial ______	

Liste de Mots 12

W J C N M O H A L O S Q F D
W E C O O L R E T U P M O C
Y C C O N M A C Z H O S P W
C L O C M C M H X C U S T T
M O O N O P E O A O A C N Y
B U M R T N A R C N I R O N
E R R M T I S N N F B Q I H
R E E C U N N U Y E P O T I
A A J D O N O U M R R C I U
P W C N I N I C E E I C D I
M A I O P S T T Y N R L N H
O S A L S L N A Y C B L O T
C G T H T T D O I E Q F C U
U S S E R G N O C N E Y O H

Liste de mots

common	community	company
compare	computer	concern
condition	conference	Congress
consider	consumer	contain
continue	control	cost

Liste de Mots 13

```
Y  J  P  P  K  R  S  Y  C  X  G  Y  Q  C
A  T  A  D  E  K  C  U  L  T  U  R  A  L
U  C  O  X  R  Q  R  Q  Z  T  H  P  F  O
C  D  U  A  E  R  I  N  D  U  X  I  P  C
O  P  D  S  E  R  R  E  V  O  C  M  S  R
U  D  E  N  T  M  U  M  S  I  S  N  V  E
P  P  T  Z  T  O  L  T  H  V  M  Z  H  A
L  O  C  H  L  B  M  C  L  F  U  I  R  T
E  L  V  N  G  Y  H  E  O  U  T  L  L  E
C  O  U  L  D  K  G  P  R  U  C  E  A  Y
K  U  E  A  T  R  U  O  C  X  R  U  O  I
Y  P  R  V  C  C  C  T  Q  E  K  S  S  T
Y  Q  N  D  S  C  O  U  N  T  R  Y  E  D
E  M  I  R  C  M  X  P  P  S  Q  K  K  T
```

Liste de mots

could _____	country _____	couple _____
course _____	court _____	cover _____
create _____	crime _____	cultural _____
culture _____	cup _____	current _____
customer _____	dark _____	data _____

Liste de Mots 14

```
S  W  C  G  L  O  R  D  B  T  J  K  D  U
I  L  R  D  T  P  P  D  J  F  M  Q  W  C
T  R  E  E  F  T  D  E  E  R  I  O  T  F
C  D  T  S  L  P  E  C  K  F  A  C  G  B
R  E  H  C  B  M  B  I  E  D  E  Y  X  I
R  M  G  R  L  L  A  D  D  P  G  N  H  J
D  O  U  I  M  D  T  E  E  U  R  F  S  F
E  C  A  B  J  W  E  E  C  O  P  H  D  E
M  R  D  E  S  R  D  W  A  T  T  E  O  V
O  A  D  E  G  R  E  E  D  A  A  G  C  B
C  T  D  J  I  G  N  I  E  L  B  Q  B  G
R  I  D  A  Y  K  N  D  B  H  I  Y  W  L
A  C  J  V  E  D  E  C  I  S  I  O  N  S
T  F  L  Q  Q  D  M  V  U  A  B  S  U  A
```

Liste de mots

daughter	day	dead	
deal	death	debate	
decade	decide	decision	
deep	defense	degree	
Democrat	democratic	describe	

Liste de Mots 15

```
D  I  N  N  E  R  E  V  O  C  S  I  D  T
T  W  G  E  M  S  E  I  D  H  B  D  N  D
L  D  I  F  F  E  R  E  N  C  E  E  E  I
S  I  D  E  S  I  G  N  I  A  M  T  Q  R
S  R  B  J  I  G  D  Q  I  P  A  V  N  E
U  A  S  B  U  C  B  V  O  I  A  I  O  C
C  H  R  P  B  U  Y  L  L  K  D  G  I  T
S  E  D  I  F  F  E  R  E  N  T  P  T  O
I  T  O  J  N  V  F  C  B  Z  O  R  C  R
D  I  N  P  E  T  A  M  C  L  W  N  E  X
T  P  L  D  Z  C  B  F  E  F  D  G  R  U
Y  S  O  O  Z  R  Z  V  S  U  Y  J  I  Z
F  E  N  I  M  R  E  T  E  D  K  R  D  Y
V  D  O  L  M  D  I  F  F  I  C  U  L  T
```

Liste de mots

design _____	despite _____	detail _____
determine _____	develop _____	development _____
die _____	difference _____	different _____
difficult _____	dinner _____	direction _____
director _____	discover _____	discuss _____

Liste de Mots 16

```
D O W N M M F M D E U C J T
T N L X U V D G R P V R W P
S X V U T C U S O D R I R I
Y D H S D W X R P D R A R D
L I E N G O N G T O R A Q D
R S S C U U O P Q C H Y W H
A E N Z Q P R R D T O D L E
E A R B Z B N D Y O T H O E
S S E B L I G S U R O O A G
B E D U R I N G Y D M C T Z
A K C T V Z S M J X H O P R
N G V F D R E A M G T O M I
X H S I L J I E F B F E V O
P D I S C U S S I O N D L V
```

Liste de mots

discussion	disease	do	
doctor	dog	door	
down	draw	dream	
drive	drop	drug	
during	each	early	

Liste de Mots 17

```
L  E  L  E  L  E  C  T  I  O  N  A  R  E
R  U  F  E  P  W  S  C  M  R  U  Z  T  C
X  U  P  F  G  U  B  H  Q  G  U  X  H  O
E  K  E  Z  E  D  G  E  Y  V  E  J  N  N
A  E  L  A  N  C  P  A  C  Z  N  O  G  O
S  E  E  E  S  D  T  T  A  O  I  B  L  M
Y  T  E  E  M  T  P  T  C  T  N  Y  D  I
M  N  L  Y  A  A  R  S  A  F  U  O  Z  C
P  S  X  W  O  O  Y  C  Y  J  M  V  M  H
E  T  T  J  F  L  U  E  C  U  F  F  V  Y
E  Q  K  F  A  D  P  Q  E  I  G  H  T  E
Z  W  E  W  E  Y  N  M  Q  A  C  T  M  G
I  U  W  J  B  B  B  J  E  R  Y  B  V  D
B  O  Y  R  E  I  T  H  E  R  K  L  X  E
```

Liste de mots

east	easy	eat	
economic	economy	edge	
education	effect	effort	
eight	either	election	
else	employee	end	

Liste de Mots 18

```
R  D  N  E  M  O  S  E  N  O  U  G  H  X
Z  U  J  Q  N  S  E  E  J  I  O  E  U  L
N  E  V  E  X  V  I  C  R  B  D  M  A  E
S  E  S  P  E  C  I  A  L  L  Y  T  R  N
A  N  Z  S  T  U  O  R  B  V  N  I  I  T
B  P  R  N  E  L  N  H  O  E  T  V  C  E
X  Z  E  D  V  S  E  M  M  N  E  O  V  R
U  V  O  R  G  N  T  N  E  V  M  E  Z  T
E  G  Z  V  E  Y  O  A  E  C  R  E  O  J
V  A  E  R  Y  R  P  N  B  Y  L  F  N  J
E  O  G  O  I  U  I  T  B  L  M  C  S  T
R  Y  J  V  G  N  N  O  O  Y  I  Y  N  B
Y  N  N  P  G  K  D  K  G  V  G  S  K  I
E  E  P  V  U  Y  P  E  V  E  R  Y  H  U
```

Liste de mots

energy _____	enjoy _____	enough _____
enter _____	entire _____	environment _____
environmental _____	especially _____	establish _____
even _____	evening _____	event _____
ever _____	every _____	everybody _____

Liste de Mots 19

```
Y D Z K A T G I I T E B K A
L J C E X P E C T L V Y T Y
K N L K R F E R P W I Z R E
Y X I P M D W M L U T F E V
D Z F A U V A K P X U A P E
O C E G L X R S N A C C X R
O A L Z E P L P B K E E E Y
Z Y D X G V X L B D X R Q T
X Y I S J L N E E Y E O R H
C S E V I D E N C E O K A I
T E V E R Y O N E M O D I N
E X P E R I E N C E E X P G
X H F A C T O R F A C T W N
M C S H V H Q E X A C T L Y
```

Liste de mots

everyone _____ everything _____ evidence _____
exactly _____ example _____ executive _____
exist _____ expect _____ experience _____
expert _____ explain _____ eye _____
face _____ fact _____ factor _____

Liste de Mots 20

```
E A T S F A M I L Y P B M W
T N S V F W A P R N D V L J
C K A Y U O U K D W N E E Z
E D F Z E Y T U R E E F E X
H U R G X E O E Q F I M F O
H R N F I G H T U G F Z W M
T F Z L C T E V U P A S R E
X L O F A D F R D K L L E O
W O D F I V E A I U L A B N
J R J E W L J R R D W R T B
M J F R Q B L R L F G E Z R
M H M L I A F E X V B D A S
S E F E E L I N G M M E I X
S I I J X F H Y Y A F F N D
```

Liste de mots

fail	______	fall	______	family	______
far	______	fast	______	father	______
fear	______	federal	______	feel	______
feeling	______	few	______	field	______
fight	______	figure	______	fill	______

Liste de Mots 21

```
Z  C  J  O  E  G  G  U  P  J  V  T  U  F
D  G  X  R  Y  Z  P  F  L  O  O  R  I  H
P  F  I  F  T  D  F  J  W  N  X  N  T  K
A  F  I  I  E  T  O  S  J  W  A  M  X  P
F  P  C  N  F  I  N  E  D  N  S  I  N  F
I  U  D  G  A  Y  Y  T  C  E  J  G  S  M
N  L  S  E  V  L  K  I  V  K  A  A  J  A
A  G  G  R  F  U  A  I  J  C  O  D  M  A
L  C  Y  L  Y  L  F  N  E  D  N  T  B  E
L  R  Y  S  T  H  M  M  U  I  S  N  K  W
Y  X  Q  X  R  E  I  R  F  R  B  M  V  E
Z  H  S  I  F  O  X  I  I  L  L  B  R  H
R  H  S  I  N  I  F  F  R  I  P  T  D  K
M  R  T  S  Y  H  C  O  F  A  R  D  A  U
```

Liste de mots

film	final	finally
financial	find	fine
finger	finish	fire
firm	first	fish
five	floor	fly

Liste de Mots 22

```
S  R  F  O  R  S  M  F  V  S  A  U  T  P
N  E  F  O  W  T  O  B  E  X  C  S  X  O
E  K  H  Z  H  R  M  M  R  K  A  P  A  E
D  L  D  T  E  F  A  G  C  G  F  A  S  U
R  T  Z  I  Y  G  O  D  J  E  O  O  Y  N
A  U  G  E  P  D  T  R  E  P  O  N  M  Q
G  N  O  T  O  O  F  K  W  Y  D  D  G  O
F  O  R  C  E  R  Z  E  Z  A  E  W  Q  H
W  O  B  D  F  O  L  L  O  W  R  G  W  R
Y  Z  R  T  E  G  R  O  F  T  Q  D  Z  U
U  E  M  M  S  E  H  F  J  C  D  A  R  O
A  K  M  Z  E  X  W  K  O  O  X  L  V  F
U  C  D  E  R  R  N  U  B  R  K  L  G  K
F  O  C  U  S  K  A  N  L  O  M  M  F  S
```

Liste de mots

focus _____	follow _____	food _____	
foot _____	for _____	force _____	_____
foreign _____	forget _____	form _____	_____
former _____	forward _____	four _____	_____
game _____	garden _____	gas _____	_____

Liste de Mots 23

```
J E P K N G I R L L S D G W
F C P S N M T I F Z O M E Q
G W R G L A S S D O A N T A
X Q G E E E I T G X O G O U
G R E R D K I L K I E E W D
R O G C H Y H V T V O N G E
P Q V G U H K A I I I E O H
F U J E A Q R G O A L R O Z
E A O I R E I Y A J V A A G
Q F C R N N H B J U R L R G
T F R E G G M G M J V O H F
E G G R E E N E D C W A U X
X G R O U N D P N J D I I V
B U A C M Z J M P T L A T H
```

Liste de mots

general	_____	generation	_____	get	_____	_____
girl	_____	give	_____	glass	_____
go	_____	goal	_____	good	_____
government	_____	great	_____	green	_____
ground	_____	group	_____	grow	_____

Liste de Mots 24

```
D  P  H  H  J  S  D  G  P  K  G  V  B  V
H  T  L  A  E  H  T  Z  U  N  O  N  L  W
I  K  C  O  H  F  Q  L  U  E  A  O  A  H
S  K  K  A  X  H  Y  G  C  Y  S  D  F  H
Y  G  P  B  A  K  O  N  P  I  U  S  V  M
N  P  X  R  G  R  O  W  T  H  Z  C  N  U
Y  H  D  W  H  E  A  D  N  C  A  L  W  L
B  M  C  Q  P  N  K  E  H  B  S  J  Y  F
X  B  I  G  A  G  P  P  R  S  F  D  H  A
P  Q  U  U  G  P  B  H  B  B  H  A  R  R
X  E  M  Y  A  Q  A  K  G  I  L  I  H  H
F  H  B  H  U  N  X  V  X  F  A  Y  A  C
J  V  H  D  D  I  R  Y  E  H  T  V  F  I
X  W  W  Y  F  V  N  G  K  D  E  I  E  N
```

Liste de mots

growth	guess	gun	
guy	hair	half	
hand	hang	happen	
happy	hard	have	
he	head	health	

Liste de Mots 25

H	M	K	U	R	P	O	W	R	H	U	J	B	O
M	E	K	P	K	B	H	K	P	A	T	Y	N	O
T	I	R	A	K	R	U	D	R	I	E	H	V	A
G	A	G	E	H	E	B	A	H	C	E	H	G	H
P	L	E	V	H	I	C	U	I	R	C	H	X	A
H	W	S	H	T	I	X	N	S	W	I	G	X	H
Z	M	N	R	Q	Z	S	E	P	M	S	Y	R	O
X	G	E	Y	A	H	L	T	S	A	B	S	U	L
K	H	G	L	V	F	I	E	O	P	J	Q	I	D
B	P	L	E	H	A	L	G	J	R	A	H	C	D
H	E	A	R	T	F	E	Y	H	Z	Y	I	Q	K
G	E	R	C	C	M	S	H	V	R	E	M	F	H
F	M	Y	F	N	E	V	C	Y	N	Z	P	U	E
F	N	A	U	X	P	G	K	R	Z	I	M	W	F

Liste de mots

hear	heart	heat
heavy	help	her
here	herself	high
him	himself	his
history	hit	hold

Liste de Mots 26

```
J  Y  H  M  P  H  O  H  G  K  E  U  N  M
G  G  K  E  A  U  O  H  O  D  O  R  Z  E
B  I  O  E  C  M  F  S  U  W  J  U  Z  A
G  S  D  J  C  A  M  I  P  N  E  E  G  Y
A  I  C  H  Y  N  C  L  U  I  D  V  W  M
U  Y  H  Z  A  G  O  E  V  B  T  R  E  E
O  H  I  I  D  E  N  T  I  F  Y  A  E  R
H  U  I  X  D  F  O  O  L  H  N  O  L  D
O  S  H  A  I  B  O  H  O  N  O  F  D  P
M  B  E  O  R  E  S  U  H  O  W  P  X  T
E  A  A  S  T  M  R  Y  L  E  V  H  E  U
T  N  W  Y  U  X  G  N  T  P  U  Y  S  S
H  D  P  X  M  O  Q  L  I  G  C  Y  T  X
B  Q  P  B  L  C  H  Q  E  I  A  F  U  Y
```

Liste de mots

home _____	hope _____	hospital _____	
hot _____	hotel _____	hour _____	
house _____	how _____	however _____	
huge _____	human _____	hundred _____	
husband _____	idea _____	identify _____	

Liste de Mots 27

```
M  E  L  J  D  B  Q  E  N  X  E  J  T  V
I  L  S  A  J  E  L  O  S  N  B  P  D  R
T  N  L  A  L  A  U  D  I  V  I  D  N  I
N  L  C  H  E  J  Q  G  M  K  K  I  P  O
A  B  S  L  U  R  A  R  A  R  A  N  S  C
T  S  L  U  U  M  C  J  G  P  E  C  A  A
R  V  O  I  I  D  E  N  E  N  I  L  I  F
O  D  W  L  M  V  E  T  I  N  U  U  R  D
P  V  W  R  O  P  A  W  D  S  Z  D  C  C
M  R  T  R  N  C  A  E  F  E  S  I  N  I
I  V  P  U  I  Y  E  C  E  W  N  N  M  R
B  M  X  D  W  D  M  C  T  F  A  G  Z  A
I  X  N  U  Y  R  T  S  U  D  N  I  Y  T
G  I  N  O  I  T  A  M  R  O  F  N  I  K
```

Liste de mots

if _____	image _____	imagine _____
impact _____	important _____	improve _____
in _____	include _____	including _____
increase _____	indeed _____	indicate _____
individual _____	industry _____	information _____

Liste de Mots 28

```
S  F  J  G  I  S  S  U  E  U  J  Q  L  A
C  M  V  O  N  S  M  D  Q  I  K  A  V  F
E  N  B  Z  I  I  E  D  I  S  N  I  W  I
E  J  B  P  H  N  T  I  T  O  H  E  Y  T
Q  Q  B  I  W  A  V  S  I  C  I  H  S  A
E  O  F  X  U  W  R  T  E  V  M  E  N  K
J  V  G  U  V  A  A  P  R  R  R  R  P  M
M  E  T  I  Z  N  O  E  D  E  E  P  C  Y
E  S  P  R  R  H  T  A  T  V  V  T  L  O
T  F  V  E  I  N  E  N  S  X  L  P  N  B
F  F  T  N  I  T  I  Q  W  L  O  R  X  I
Y  N  T  Q  S  Z  S  C  R  F  V  A  B  X
I  O  I  N  V  E  S  T  M  E  N  T  Q  H
W  M  I  N  S  T  I  T  U  T  I  O  N  J
```

Liste de mots

inside ______	instead ______	institution ______
interest ______	interesting ______	international ______
interview ______	into ______	investment ______
involve ______	issue ______	it ______
item ______	job ______	join ______

Liste de Mots 29

```
I  U  O  L  E  R  X  O  G  L  V  J  X  C
C  P  J  J  C  E  V  A  Y  J  U  U  S  H
M  D  L  O  O  X  F  O  U  E  K  R  S  Z
J  Q  N  U  J  F  Y  C  Q  E  N  I  K  V
A  J  Z  R  P  G  Q  M  E  W  D  S  F  G
C  U  V  N  G  J  I  P  Y  A  S  D  Q  W
K  S  E  A  V  E  S  X  J  U  T  I  G  L
E  T  J  L  K  T  T  J  A  R  N  C  R  K
T  E  C  I  J  T  O  J  A  U  E  T  X  E
S  K  Y  S  A  P  P  A  A  D  V  I  J  Y
S  G  T  T  D  R  K  B  K  T  I  O  X  N
V  N  V  I  E  I  C  O  S  C  G  N  X  M
J  J  D  C  S  B  A  T  Y  C  Q  M  G  S
Y  N  K  D  C  Z  J  S  J  A  N  E  J  U
```

Liste de mots

just	_____	journalistic	_____	jurisdiction	_____
jades	_____	jaggy	_____	jet	_____
jar	_____	jabots	_____	jading	_____
jadish	_____	jane	_____	jackpots	_____
jackets	_____	keep	_____	key	_____

Liste de Mots 30

```
T  O  U  I  I  N  Y  C  E  I  U  B  R  N
W  K  P  B  R  Z  Q  M  I  I  V  A  Q  D
D  E  U  E  C  K  I  N  D  R  Z  K  U  G
K  V  K  X  D  F  H  E  E  G  I  Q  Q  Y
X  Y  I  H  K  E  G  A  U  G  N  A  L  Y
U  S  A  N  K  N  O  W  L  E  D  G  E  P
Z  I  E  J  N  B  R  H  Q  W  Y  I  R  J
K  L  Q  U  G  E  H  S  L  H  W  G  K  A
T  K  K  V  D  D  H  W  A  O  J  A  N  O
R  N  K  I  E  P  L  C  N  Z  S  Z  B  D
X  O  N  T  N  L  P  K  T  K  V  R  Q  E
F  T  L  O  I  D  N  A  L  I  I  Z  V  W
Q  I  D  K  C  P  E  T  J  J  K  N  Z  G
K  U  A  U  L  R  H  R  V  J  W  H  G  L
```

Liste de mots

kid	_____	kill	_____	kind	_____
kitchen	_____	know	_____	knowledge	_____
kepi	_____	king	_____	knelt	_____
kinder	_____	kilted	_____	knot	_____
kern	_____	land	_____	language	_____

Liste de Mots 31

```
I  T  B  N  L  R  V  J  H  K  A  R  J  Z
S  W  G  E  E  X  S  W  Y  K  B  P  H  Y
I  W  A  T  A  U  V  N  O  U  A  Z  B  T
C  V  A  W  D  G  W  L  A  W  G  F  A  F
E  L  L  W  Z  F  N  D  R  R  A  Q  X  E
L  P  D  A  P  C  A  L  A  R  G  E  L  L
A  Y  B  B  Y  E  N  K  D  T  Y  I  U  C
U  P  M  K  L  Q  S  W  S  Q  L  U  R  T
G  F  L  I  W  O  L  A  B  N  E  O  T  I
H  T  E  A  V  S  E  G  I  N  A  W  H  H
R  Z  W  T  T  L  U  Z  G  H  R  W  M  F
D  V  S  C  T  E  V  E  N  U  N  L  H  L
Z  A  G  T  J  F  L  L  A  W  Y  E  R  T
L  I  R  E  D  A  E  L  D  F  A  G  T  L
```

Liste de mots

large	______ last	______ late	______
later	______ laugh	______ law	______
lawyer	______ lay	______ lead	______
leader	______ learn	______ least	______
leave	______ left	______ leg	______

Liste de Mots 32

W	Z	F	H	K	S	Y	W	V	L	R	M	L	L
Y	N	J	R	F	A	L	P	R	E	M	O	I	H
L	T	L	I	F	E	E	N	Z	S	L	N	E	Y
B	T	K	E	Y	Z	K	T	N	S	E	N	C	I
N	L	S	H	A	S	I	H	Y	L	L	N	Y	S
V	B	I	I	J	Y	L	E	V	U	Q	E	F	I
H	U	L	T	L	U	U	K	C	E	L	T	W	J
W	K	E	Q	T	V	V	I	J	E	E	S	Q	U
W	B	T	L	U	L	A	L	X	E	G	I	M	K
U	L	K	M	E	L	E	I	W	V	A	L	R	R
E	V	T	I	L	T	I	C	T	I	L	M	T	P
L	I	G	H	T	Z	T	E	J	L	L	E	Q	L
Q	M	Y	I	Q	Z	U	E	C	L	T	T	Z	M
L	E	V	E	L	J	L	L	R	P	S	E	T	H

Liste de mots

legal	less	let
letter	level	lie
life	light	like
likely	line	list
listen	little	live

Liste de Mots 33

```
N  N  M  Y  Q  K  B  N  F  J  M  Q  H  J
W  V  X  E  R  L  I  S  F  W  Q  S  I  F
A  U  V  Y  F  A  O  R  U  L  F  Z  M  G
U  O  W  C  T  Q  E  T  T  F  O  B  T  N
L  Q  M  N  E  N  D  Y  W  L  W  C  M  G
D  W  I  S  I  B  T  B  V  O  O  A  A  M
S  A  O  H  L  I  M  P  L  O  K  O  S  L
M  L  C  C  R  O  H  P  M  E  L  S  K  J
M  A  L  O  J  C  N  L  L  U  H  R  R  D
M  A  J  O  V  F  J  G  O  Z  D  R  L  H
G  A  J  T  D  I  L  D  T  D  S  C  O  W
M  B  J  O  O  W  O  M  H  G  S  U  Q  J
T  M  L  C  R  U  M  A  I  N  O  I  H  B
Q  E  N  I  Z  A  G  A  M  J  L  B  Q  B
```

Liste de mots

local	_____	long	_____	look	_____
lose	_____	loss	_____	lot	_____
love	_____	low	_____	machine	_____
magazine	_____	main	_____	maintain	_____
major	_____	majority	_____	make	_____

Liste de Mots 34

```
D  M  C  M  Z  Q  R  W  G  E  J  H  H  S
E  Y  A  I  A  M  A  Y  O  L  R  Y  V  W
V  B  J  N  R  N  K  F  U  J  K  L  Y  U
S  M  Y  S  Y  E  M  U  Q  K  A  Y  S  T
Y  H  E  A  Z  N  X  A  P  I  Q  O  N  M
T  C  H  E  M  N  R  B  R  L  P  E  A  A
U  G  G  F  A  C  Z  E  V  K  M  Q  M  N
M  T  K  E  M  Q  T  R  H  E  E  A  C  A
M  A  M  E  W  A  E  D  G  M  R  T  K  G
N  A  N  G  M  T  E  A  W  R  E  S  F  E
N  I  C  A  T  S  N  A  I  W  Z  D  I  R
R  Q  V  A  G  A  U  A  F  E  V  J  I  D
H  G  M  O  M  E  G  R  M  R  M  K  U  A
J  V  L  S  Y  E  R  U  S  A  E  M  L  K
```

Liste de mots

man	manage	management
manager	many	market
marriage	material	matter
may	maybe	me
mean	measure	media

Liste de Mots 35

```
Q  M  I  L  I  T  A  R  Y  B  A  J  M  B
M  F  S  Z  R  M  N  Q  G  S  L  O  I  G
R  E  F  M  N  I  S  J  Q  H  G  E  G  M
W  B  T  S  E  M  M  E  M  O  R  Y  H  I
M  O  M  H  K  N  E  M  T  I  K  Q  T  D
E  W  E  B  O  C  T  E  E  E  C  H  N  D
M  M  D  O  N  D  E  I  T  S  P  X  S  L
B  R  I  Q  M  M  D  U  O  I  S  K  L  E
E  X  C  L  P  T  N  I  Y  N  N  A  F  R
R  O  A  C  L  I  T  M  R  M  C  G  G  I
D  R  L  H  M  I  Q  Q  I  Z  H  Z  N  E
C  T  F  S  G  R  O  S  Y  N  B  C  X  P
J  B  O  U  R  F  S  N  S  G  D  C  Z  Z
T  V  B  X  M  M  G  T  X  H  O  Z  N  A
```

Liste de mots

medical _____	meet _____	meeting _____	_____
member _____	memory _____	mention _____	_____
message _____	method _____	middle _____	_____
might _____	military _____	million _____	_____
mind _____	minute _____	miss _____	_____

Liste de Mots 36

```
M  J  R  S  T  F  Y  D  M  O  U  T  H  C
O  M  L  Y  M  Q  Q  R  O  G  S  G  Y  P
V  V  J  M  O  S  T  N  R  Z  K  J  R  L
E  S  A  O  D  L  T  P  E  O  W  Z  X  P
M  W  F  T  E  T  E  Q  A  P  E  B  R  Y
E  Q  X  H  R  S  D  M  M  O  M  E  N  T
N  M  K  E  N  M  O  V  I  E  E  L  I  K
T  T  I  R  X  D  Y  Y  K  E  C  V  Z  H
M  E  R  S  E  A  R  E  B  Y  S  M  Y  K
U  O  B  L  S  M  O  R  N  I  N  G  M  T
S  R  N  X  W  I  P  I  N  O  E  G  Q  E
I  K  E  T  A  E  O  L  N  S  M  X  V  N
F  U  I  S  H  W  E  N  N  C  X  O  H  X
I  W  Y  U  V  E  Q  S  E  Y  M  F  Z  F
```

Liste de mots

mission ______	model ______	modern ______	
moment ______	money ______	month ______	
more ______	morning ______	most ______	
mother ______	mouth ______	move ______	
movement ______	movie ______	Mr ______	

Liste de Mots 37

B	Q	K	I	V	S	M	R	S	M	P	U	Z	A
S	E	Z	E	E	Y	R	A	S	S	E	C	E	N
Z	S	O	N	B	U	T	L	S	E	L	D	J	C
V	M	T	J	A	D	C	I	S	U	M	N	J	N
N	O	N	S	M	M	V	M	V	F	F	N	L	R
D	R	D	E	U	X	E	J	Q	J	A	N	Y	P
Q	A	F	V	E	M	S	U	K	T	N	A	R	M
Y	E	Q	Q	J	D	X	M	U	A	Q	T	T	Z
L	N	L	K	J	B	U	R	T	Q	V	U	T	P
R	C	E	L	D	C	E	I	R	W	Q	R	O	M
A	G	E	A	H	U	O	U	W	P	Q	A	G	T
E	N	M	M	L	N	G	L	S	B	M	L	O	N
N	Z	D	A	N	A	T	I	O	N	A	L	X	J
A	I	D	I	W	O	F	L	E	S	Y	M	H	Z

Liste de mots

Mrs	_____	much	_____	music	_____
must	_____	my	_____	myself	_____
name	_____	nation	_____	national	_____
natural	_____	nature	_____	near	_____
nearly	_____	necessary	_____	need	_____

Liste de Mots 38

```
L  Z  P  O  O  F  U  T  Q  J  A  G  M  N
I  O  C  N  E  X  Q  I  X  X  G  E  R  L
C  N  I  G  H  T  P  Q  D  E  V  C  I  L
A  P  S  N  O  T  H  I  N  G  N  S  L  C
W  V  Z  U  L  N  Y  J  B  N  K  U  X  J
U  V  W  B  O  E  L  N  G  U  F  E  K  U
T  G  X  U  B  W  N  N  E  I  U  U  U  F
D  N  O  T  E  S  O  Q  O  T  N  P  I  Y
K  N  O  N  E  P  R  Y  S  T  W  I  C  C
X  G  I  L  B  A  T  K  Y  R  L  O  C  J
K  S  D  S  V  P  H  E  E  K  R  R  R  E
J  O  W  R  Q  E  R  V  Y  O  T  B  A  K
U  E  P  J  Q  R  E  T  N  H  W  E  N  T
N  O  Q  N  C  N  I  C  J  O  F  M  Q  J
```

Liste de mots

network	_____	never	_____	new	_____
news	_____	newspaper	_____	next	_____
nice	_____	night	_____	no	_____
none	_____	nor	_____	north	_____
not	_____	note	_____	nothing	_____

Liste de Mots 39

F N A Y P X B W P V L N H V
O C C U R E M L T B R R Q G
C K P M C Y H Z Q D R D U A
Z O M I K O T N U M B E R O
E P T E R P K N V O F E X F
B O W M N E T F O O F T D F
N U K R W G F Z C F F F Q I
S M Y M Y I L I O F S D Q C
E X K G K E Q E K I V Z G E
O I R W F F O Q N C O D S R
E A T M X D O O I E O Z Q H
O F F I C I A L Z B L L V J
C F I T G Z O T W Y X L D J
J W N O W N N C X B B W H X

Liste de mots

notice	_____	now	_____	number	_____
occur	_____	of	_____	off	_____
offer	_____	office	_____	officer	_____
official	_____	often	_____	oh	_____
oil	_____	ok	_____	old	_____

Liste de Mots 40

```
O  R  W  S  O  P  E  R  A  T  I  O  N  M
P  J  P  N  R  A  O  N  L  Y  C  X  O  F
P  H  Q  J  O  F  M  U  O  P  E  N  N  R
O  A  O  N  Z  I  W  X  Z  P  O  M  E  O
R  K  W  S  I  Z  T  B  T  Z  A  H  U  R
T  T  Q  W  G  U  Q  P  V  S  T  C  O  D
U  J  J  G  R  O  Q  J  O  O  E  T  N  E
N  H  P  T  U  W  W  I  G  Y  H  N  T  R
I  X  C  R  E  S  Y  Z  B  E  Z  F  O  R
T  K  M  W  Q  C  P  B  R  Y  K  P  T  F
Y  A  H  L  B  L  N  S  A  O  P  K  B  Z
W  U  W  I  I  M  W  O  Y  Y  R  A  L  R
C  N  O  I  T  A  Z  I  N  A  G  R  O  C
H  V  J  N  U  E  Z  O  N  E  F  F  X  V
```

Liste de mots

on	_____	once	_____	one	_____
only	_____	onto	_____	open	_____
operation	_____	opportunity	_____	option	_____
or	_____	order	_____	organization	_____
other	_____	others	_____	our	_____

Liste de Mots 41

```
T  X  R  J  J  J  O  P  A  P  E  R  R  Y
G  P  A  R  T  I  C  I  P  A  N  T  Y  T
R  D  A  V  V  M  O  D  U  P  B  O  Q  I
P  L  K  R  D  U  R  G  P  A  D  D  D  U
A  R  E  I  T  E  N  I  C  P  O  V  E  R
I  W  A  S  N  I  Z  I  N  K  A  T  M  H
N  J  I  T  T  P  C  N  B  S  U  G  Z  G
P  D  R  N  O  A  Z  U  S  O  T  E  E  D
E  A  I  W  W  R  M  T  L  S  Z  J  Z  O
P  A  A  F  T  T  Y  T  I  A  A  V  W  E
P  Z  H  Z  L  D  T  T  N  C  R  P  W  H
P  A  R  E  N  T  F  L  R  S  P  L  K  W
T  F  Z  H  O  F  N  T  S  A  M  K  Y  K
B  R  A  L  U  C  I  T  R  A  P  J  C  H
```

Liste de mots

out	______	outside	______	over	______
page	______	pain	______	painting	______
paper	______	parent	______	part	______
participant	______	particular	______	particularly	______
partner	______	party	______	pass	______

Liste de Mots 42

U	F	V	N	T	V	S	P	E	O	P	L	E	I
V	Q	P	T	R	B	Y	N	O	S	R	E	P	D
B	P	A	U	N	E	R	R	T	R	Q	H	C	H
L	L	S	R	P	E	T	K	X	P	P	P	W	C
X	A	T	D	E	H	I	T	F	M	H	E	Q	V
H	D	N	P	S	P	O	T	A	U	Y	R	K	E
R	D	H	O	E	X	E	N	A	P	S	F	R	O
L	W	I	C	S	R	M	A	E	P	I	O	I	Z
H	I	U	S	D	R	H	T	C	E	C	R	M	V
J	A	C	O	O	Q	E	A	P	E	A	M	U	D
O	U	J	F	I	C	W	P	P	F	L	A	Q	Y
S	O	R	P	R	W	H	F	Y	S	Y	N	I	B
G	E	R	W	E	J	O	T	A	E	H	C	I	X
P	K	C	Y	P	L	Y	H	P	O	C	E	H	Z

Liste de mots

past	patient	pattern
pay	peace	people
per	perform	performance
perhaps	period	person
personal	phone	physical

Liste de Mots 43

```
A  J  P  P  V  Y  S  X  L  J  T  R  Y  R
N  L  F  Q  I  G  Z  C  K  N  O  E  O  R
A  F  D  N  N  E  S  W  I  Y  P  O  F  N
L  E  Z  K  Y  Z  C  O  B  T  P  I  R  M
P  J  B  A  C  M  P  E  N  L  I  E  C  V
N  E  L  A  A  P  N  A  U  I  Y  L  E  K
N  P  R  N  A  D  L  Z  I  A  L  C  O  P
N  D  W  A  P  P  O  Z  L  E  I  K  T  P
K  E  P  H  L  I  Z  P  R  L  H  P  N  H
O  H  Q  B  A  F  L  U  O  Y  B  Q  R  E
L  J  G  U  C  H  T  P  P  O  L  I  C  Y
O  N  G  I  E  C  A  Q  M  D  Q  D  M  J
E  J  E  T  I  F  Q  O  I  T  G  H  T  F
Q  B  C  P  F  L  A  C  I  T  I  L  O  P
```

Liste de mots

pick	_____ picture	_____ piece	_____
place	_____ plan	_____ plant	_____
play	_____ player	_____ PM	_____
point	_____ police	_____ policy	_____
political	_____ politics	_____ poor	_____

Liste de Mots 44

L T N E D I S E R P Z Z E R
S S K C P P P Z R I S T I X
O E E D R P K R J E I C E C
Q V V M A O X M E O W T U A
N B K I C S I N V V A O Q S
O V D E T S P B C V E N P P
I G J Y I I P R I Z O N H O
T M P K C B S R E I M K T P
A N R P E L P O T S K K N U
L E E F R E T I P Z S K W L
U F P S B I S L C V A U E A
P V A I E O C J S D D J R R
O X R R P R R E F L L F P E
P H E A A J P R E T T Y L B

Liste de mots

popular	______	population	______	position		______
positive	______	possible	______	power		______
practice	______	prepare	______	present		______
president	______	pressure	______	pretty		______
prevent	______	price	______	private		______

Liste de Mots 45

```
G  K  P  S  D  X  T  T  P  R  O  V  E  K
P  P  O  R  N  P  B  C  J  Y  U  Z  K  P
R  E  L  U  O  X  R  A  U  J  X  J  W  R
O  O  J  N  T  J  M  O  J  D  U  A  B  O
D  Z  S  V  O  A  E  O  P  S  O  J  O  F
U  C  N  S  R  I  T  C  S  E  B  R  L  E
C  S  I  G  E  C  T  E  T  S  R  O  P  S
E  S  O  L  E  F  C  C  C  L  S  T  H  S
H  R  O  T  B  O  O  H  U  S  N  D  Y  I
P  Q  O  K  R  U  X  R  A  D  T  U  L  O
F  R  R  P  A  W  P  J  P  M  O  F  B  N
P  O  U  Y  L  B  A  B  O  R  P  R  S  A
H  M  E  L  B  O  R  P  W  S  H  W  P  L
U  Q  O  G  Q  V  R  P  R  O  V  I  D  E
```

Liste de mots

probably _____	problem _____	process _____
produce _____	product _____	production _____
professional _____	professor _____	program _____
project _____	property _____	protect _____
prove _____	provide _____	public _____

Liste de Mots 46

```
Y  T  I  L  A  U  Q  B  R  K  H  T  P  E
P  U  R  P  O  S  E  U  O  S  M  N  K  T
P  B  L  C  P  D  C  B  U  R  A  I  S  E
V  C  R  A  D  Z  O  P  A  U  Z  R  K  Y
H  E  M  A  C  L  Q  Q  I  O  W  A  E  L
Z  N  E  C  T  A  F  R  F  U  D  D  G  K
W  R  U  P  S  E  E  Y  Y  E  T  I  N  C
L  Q  J  E  W  H  K  U  L  J  C  O  A  I
Q  U  E  S  T  I  O  N  K  Q  Y  A  R  U
X  E  L  A  I  M  F  K  Y  U  T  P  R  Q
V  B  R  L  F  T  D  N  Z  I  E  W  U  M
T  L  Q  H  U  X  N  A  M  T  X  D  U  C
G  I  I  M  W  P  C  Z  Q  E  S  D  G  L
H  K  H  C  A  E  R  U  H  V  Z  E  O  X
```

Liste de mots

pull	purpose	push	
quality	question	quickly	
quite	race	radio	
raise	range	rate	
rather	reach	read	

Liste de Mots 47

Y	L	T	N	E	C	E	R	T	C	X	F	U	D
R	E	A	S	O	N	O	N	O	H	Y	Y	Y	S
O	H	G	T	T	Z	E	Z	X	N	L	C	N	V
R	K	C	B	C	C	E	L	K	L	U	E	U	W
R	E	H	G	E	E	E	Z	A	I	Z	X	K	B
E	R	C	R	M	C	L	E	I	I	R	A	E	H
A	R	E	E	U	J	R	F	N	L	B	E	E	G
L	Z	E	D	I	B	P	G	E	U	A	Z	D	D
I	W	E	A	A	V	O	Y	Q	R	D	E	R	F
T	R	A	U	L	C	E	D	X	S	N	O	R	G
Y	Y	S	E	E	G	B	A	Y	L	C	F	A	F
F	M	D	R	W	L	D	E	A	E	U	Y	J	E
N	W	Q	B	N	H	H	R	R	E	G	I	O	N
F	X	L	X	A	R	I	I	G	Z	C	H	E	S

Liste de mots

ready	_____	real	_____	reality	_____
realize	_____	really	_____	reason	_____
receive	_____	recent	_____	recently	_____
recognize	_____	record	_____	red	_____
reduce	_____	reflect	_____	region	_____

Liste de Mots 48

G	R	R	E	P	R	E	S	E	N	T	S	S	F
O	E	A	U	R	E	Q	U	I	R	E	J	U	E
Z	S	W	W	E	S	F	K	R	Y	X	R	O	S
Y	O	V	E	P	P	Q	U	E	Y	J	E	I	N
E	U	X	T	U	O	H	R	M	B	B	L	G	O
C	R	G	A	B	N	C	R	E	Y	Q	A	I	P
G	C	H	L	L	S	R	E	M	S	O	T	L	S
R	E	F	E	I	I	A	M	B	C	P	I	E	E
S	E	Z	R	C	B	E	A	E	E	G	O	R	R
L	D	P	S	A	I	S	I	R	V	D	N	N	J
G	F	Z	O	N	L	E	N	Z	O	L	S	L	D
Z	L	M	H	R	I	R	F	R	M	F	H	U	F
F	A	O	V	M	T	D	T	J	E	B	I	N	W
G	C	J	J	X	Y	A	V	A	R	J	P	R	V

Liste de mots

relate	relationship	religious
remain	remember	remove
report	represent	Republican
require	research	resource
respond	response	responsibility

Liste de Mots 49

E	T	A	G	F	W	H	P	M	H	V	P	R	L
R	B	C	T	J	B	Z	C	E	I	Q	U	T	W
J	I	Y	N	R	R	D	Z	L	C	L	R	X	E
M	H	G	R	R	P	E	B	O	E	E	S	D	V
U	C	J	H	I	T	J	R	R	T	Z	D	P	V
R	M	L	C	T	S	E	R	U	B	A	P	D	R
T	W	C	W	R	S	K	R	E	O	M	R	N	U
I	O	T	P	T	C	N	R	S	R	K	I	N
X	K	V	R	E	V	E	A	L	W	U	O	P	T
W	B	X	U	R	W	A	O	G	Z	R	L	O	Y
S	R	O	Z	R	I	E	H	Y	G	O	Y	T	M
S	A	C	A	I	P	S	I	N	V	C	H	Z	U
T	B	F	L	C	A	F	E	Q	D	K	J	F	C
Y	N	U	E	H	M	H	L	W	L	N	V	S	M

Liste de mots

rest	result	return	_____
reveal	rich	right	_____
rise	risk	road	_____
rock	role	room	_____
rule	run	safe	_____

Liste de Mots 50

```
N Z S F Q P U S Z I L N I Q
E M B E Y L G D C A O W V T
G M J L E A N Y A I B K E V
W G A Y Z O A O T H E R A T
N Z K S C S M C X B O N G Y
I X K E T G E B L C Q Y C X
X P S R G S I O S A T F T E
E E N E C S O R N I E S H E
E P A P L H D O R H U S Y L
P U F E C K S U P H T S G K
V H U S V A C E H T S A V E
I K H H E E D Q T A E S O L
D V X S S C I E N T I S T B
K M M B H Q O E M N Z E D R
```

Liste de mots

same _____	save _____	say _____	
scene _____	school _____	science _____	
scientist _____	score _____	sea _____	
season _____	seat _____	second _____	
section _____	security _____	see _____	

Liste de Mots 51

```
Y  P  L  E  J  P  M  K  M  Z  M  H  I  N
P  V  A  B  W  H  M  Y  Z  W  N  K  R  S
H  Q  U  L  S  E  N  I  O  R  K  M  P  E
R  X  X  L  M  U  J  R  Y  U  I  Q  M  R
C  E  E  S  B  E  S  S  M  X  B  U  I  I
K  S  S  K  E  E  S  E  Y  O  N  I  R  O
Z  C  H  A  V  R  S  N  S  N  M  M  E  U
S  U  M  E  S  K  V  S  J  E  P  O  S  S
S  E  R  V  I  C  E  E  H  V  L  E  R  Y
K  A  E  V  D  M  M  I  V  E  P  L  Y  M
L  Y  D  Q  I  E  M  R  S  S  S  K  M  K
F  S  E  T  E  M  R  D  R  B  F  E  D  S
I  C  X  S  K  S  E  R  I  E  S  V  N  C
A  W  M  O  X  T  A  G  M  P  Z  Q  F  D
```

Liste de mots

seek	_____	seem	_____	sell	_____		_____
send	_____	senior	_____	sense	_____		_____
series	_____	serious	_____	serve	_____		_____
service	_____	set	_____	seven	_____		_____
several	_____	sex	_____	sexual	_____		_____

Liste de Mots 52

S	Z	K	R	D	B	D	H	V	G	I	S	C	Y
I	H	G	S	S	I	G	N	E	D	I	S	S	W
C	U	O	H	H	T	I	R	C	C	C	H	T	Q
J	X	O	U	O	O	X	H	A	Q	A	D	Y	X
S	W	D	O	L	M	R	U	Y	K	K	Y	M	E
I	B	H	J	D	D	S	T	E	H	Z	V	Y	S
M	S	I	G	N	I	F	I	C	A	N	T	E	I
P	X	H	S	I	M	I	L	A	R	F	R	C	M
L	Z	U	O	P	Y	Q	I	D	Z	A	F	S	P
E	T	D	Y	T	J	P	F	L	H	Q	J	K	L
D	J	C	J	D	T	L	T	S	L	O	A	P	Y
Q	X	D	S	H	O	U	L	D	E	R	C	E	Q
T	V	P	B	B	L	I	E	S	H	Q	H	N	P
E	E	L	E	H	S	B	S	W	P	K	B	Q	W

Liste de mots

shake	_____	share	_____	she	_____
shoot	_____	short	_____	shot	_____
should	_____	shoulder	_____	show	_____
side	_____	sign	_____	significant	_____
similar	_____	simple	_____	simply	_____

Liste de Mots 53

K	S	O	V	B	S	G	U	J	X	X	P	K	X
S	O	E	Q	K	R	J	A	F	E	I	D	X	W
O	N	C	I	E	B	U	B	V	X	T	E	Z	T
Z	Z	L	T	W	B	M	X	E	L	A	I	I	C
D	L	S	K	O	X	K	Z	Z	Q	L	O	S	O
S	I	T	U	A	T	I	O	N	I	Z	A	E	I
S	O	S	I	X	B	S	W	O	B	S	P	M	U
S	Q	C	I	O	W	A	M	O	D	Z	E	H	S
Q	I	M	I	W	C	S	Y	I	Z	P	W	I	D
B	S	N	W	A	A	M	X	B	L	N	Q	Z	Z
N	O	I	G	S	L	S	K	N	I	E	U	G	S
J	O	I	Z	L	J	I	P	K	K	F	Q	S	I
U	D	D	K	E	E	T	S	P	K	F	W	O	N
Z	N	P	N	E	C	N	I	S	Z	I	C	L	G

Liste de mots

since _____	sing _____	single _____	
sister _____	sit _____	site _____	
situation _____	six _____	size _____	
skill _____	skin _____	small _____	
smile _____	so _____	social _____	

Liste de Mots 54

```
T  Y  V  B  A  V  Z  Z  M  S  T  O  P  N
R  X  O  G  N  I  H  T  E  M  O  S  R  A
K  O  D  S  O  N  G  B  G  N  U  E  I  S
U  J  O  O  O  Z  S  S  L  B  H  U  Y  O
F  S  D  N  A  L  O  S  Z  T  S  O  R  U
E  M  O  S  E  U  O  P  U  S  O  X  D  N
P  S  R  M  R  M  N  O  E  Q  C  D  Z  D
H  P  A  C  E  F  S  M  V  D  I  A  L  H
Q  J  E  O  B  B  I  F  P  E  E  X  V  H
S  D  N  S  S  T  O  X  L  O  T  E  W  S
O  E  I  A  E  W  R  D  M  C  Y  C  P  O
U  Q  H  M  N  R  V  T  Y  X  O  M  M  R
T  K  O  O  E  R  E  I  D  L  O  S  T  T
H  S  O  R  L  E  N  H  B  N  O  T  U  R
```

Liste de mots

society	_____	soldier	_____	some	_____
somebody	_____	someone	_____	something	_____
sometimes	_____	son	_____	song	_____
soon	_____	sort	_____	sound	_____
source	_____	south	_____	southern	_____

Liste de Mots 55

```
V  W  V  E  S  M  F  X  P  T  Q  S  X  S
D  J  D  Z  P  T  F  Z  N  U  M  T  T  D
S  W  W  D  A  S  J  G  E  N  Q  A  Q  N
P  P  L  F  C  P  T  I  N  A  R  F  J  G
R  Y  E  V  E  S  G  A  I  X  L  F  V  B
I  S  C  C  S  W  P  O  N  H  J  N  F  B
N  T  T  P  I  T  D  E  W  D  T  D  V  S
G  R  O  A  R  A  O  C  N  Z  Y  U  S  T
G  R  C  A  N  Q  L  S  N  D  S  B  P  A
T  J  T  O  A  D  K  Y  V  E  T  F  E  G
T  S  G  R  A  A  I  O  H  A  K  E  E
U  T  H  X  E  Z  L  R  G  O  T  O  C  T
R  Z  B  P  Q  N  U  W  D  Y  E  G  H  B
K  F  S  Y  S  C  I  F  I  C  E  P  S  J
```

Liste de mots

space _____	speak _____	special _____	
specific _____	speech _____	spend _____	
sport _____	spring _____	staff _____	
stage _____	stand _____	standard _____	
star _____	start _____	state _____	

Liste de Mots 56

```
S  S  J  W  P  R  M  I  Y  Y  K  L  T  U
Q  T  G  Y  S  T  E  P  T  R  C  M  I  X
E  V  I  K  K  K  O  G  P  A  O  A  O  Z
L  U  M  L  S  T  U  D  Y  T  E  T  L  X
S  J  R  K  L  G  I  F  K  E  H  J  S  N
Y  T  Z  X  N  B  S  T  R  A  T  E  G  Y
V  H  A  O  Q  H  N  O  S  S  T  O  C  K
F  S  R  T  E  S  T  R  U  C  T  U  R  E
C  T  T  K  E  S  T  N  E  D  U  T  S  P
S  P  B  A  V  M  S  T  R  E  E  T  O  J
Z  E  F  W  T  S  E  V  E  E  T  V  F
A  U  F  K  J  I  T  N  C  Y  S  D  C  Q
P  B  S  C  C  V  O  A  T  P  S  T  Z  C
O  X  J  N  L  U  S  N  Y  P  A  O  T  C
```

Liste de mots

statement	station	stay	_____
step	still	stock	_____
stop	store	story	_____
strategy	street	strong	_____
structure	student	study	_____

Liste de Mots 57

```
V  X  K  S  U  F  F  E  R  E  X  H  P  L
S  V  B  I  U  V  E  S  T  U  F  F  Q  I
D  U  U  X  R  C  B  C  P  Y  V  C  Q  L
T  W  C  Z  E  P  C  J  A  F  L  S  S  X
Q  A  P  C  Y  R  S  E  J  F  Q  P  H  X
R  E  B  W  E  T  T  T  S  E  R  C  Z  G
T  L  R  L  Y  S  R  T  T  S  U  U  D  K
M  C  U  L  E  A  S  S  Y  S  F  L  S  L
S  P  E  G  Y  O  D  S  U  M  L  U  W  Q
L  G  G  J  S  G  Y  T  Q  M  Z  S  L  Q
V  U  E  K  B  S  C  T  U  T  M  X  S  B
S  I  U  N  T  U  U  E  R  U  S  E  I  L
F  K  M  E  Y  N  S  S  U  P  P  O  R  T
C  B  M  A  S  U  D  D  E  N  L  Y  H  S
```

Liste de mots

stuff ______	style ______	subject ______	
success ______	successful ______	such ______	
suddenly ______	suffer ______	suggest ______	
summer ______	support ______	sure ______	
surface ______	system ______	table ______	

Liste de Mots 58

O	H	T	C	X	D	B	E	N	Z	R	N	P	T
S	F	A	E	N	X	Z	P	G	I	I	V	R	A
N	N	L	V	L	V	U	C	N	Y	N	Z	V	K
J	Y	K	E	S	E	T	X	V	Q	R	K	C	E
Y	P	S	E	T	E	V	T	K	R	X	E	W	D
G	V	J	N	R	A	E	I	L	Z	A	O	T	T
O	D	P	M	L	A	S	E	S	P	T	S	G	T
L	N	Q	L	C	Z	P	K	W	I	E	W	Y	E
O	Q	E	H	L	T	D	N	C	T	O	F	T	N
N	T	I	Y	Q	H	E	Z	Y	N	B	N	S	D
H	T	E	N	E	A	T	A	R	V	T	V	O	M
C	S	N	U	Q	H	H	K	M	K	F	E	S	M
E	J	J	Z	A	L	B	O	S	Z	N	F	I	P
T	Y	F	N	T	E	A	C	H	E	R	Z	N	R

Liste de mots

take	talk	task	
tax	teach	teacher	
team	technology	television	
tell	ten	tend	
term	test	than	

Liste de Mots 59

```
T  H  A  T  J  T  N  I  T  H  E  Z  V  R
I  X  T  F  T  T  F  O  Q  V  O  V  R  X
L  M  U  H  W  K  T  H  I  N  K  R  A  A
T  F  E  I  I  V  Q  P  H  M  I  O  D  E
H  S  N  B  Z  N  V  T  N  E  E  P  R  T
E  X  Z  T  C  D  G  P  H  L  A  E  H  Q
M  N  T  T  D  H  T  T  N  A  H  E  L  S
S  I  I  H  O  N  A  T  Z  T  N  N  V  F
E  Q  G  A  D  C  G  T  H  F  G  T  U  U
L  K  B  N  Y  V  R  H  F  E  H  U  K  G
V  E  U  K  E  T  J  I  K  I  O  W  V  P
E  R  X  V  H  O  A  S  R  P  V  R  I  Q
S  K  N  E  T  A  N  D  I  L  A  I  Y  P
Y  V  M  N  N  P  B  A  H  U  G  Q  Z  K
```

Liste de mots

thank _____	that _____	the _____	_____
their _____	them _____	themselves _____	
then _____	theory _____	there _____	
these _____	they _____	thing _____	
think _____	third _____	this _____	

Liste de Mots 60

```
I  Q  H  K  S  V  H  H  J  M  G  T  F  O
Q  O  G  P  U  H  J  D  B  D  M  A  B  T
E  Y  U  J  H  O  M  H  R  Y  T  E  U  H
O  K  O  C  T  A  H  E  C  F  O  R  S  G
T  H  R  O  U  G  H  O  U  T  H  H  U  U
V  M  H  E  H  T  E  T  B  G  E  T  G  O
O  T  T  M  E  U  O  O  U  M  P  P  E  H
T  C  H  G  B  D  F  O  I  V  L  E  E  T
D  O  O  O  A  B  H  T  S  J  R  S  A  T
L  T  J  Y  U  T  G  C  J  H  O  T  P  L
X  Y  W  C  Y  S  H  U  T  H  I  D  H  K
Y  W  Y  X  W  G  A  R  T  S  O  F  D  A
T  H  G  I  N  O  T  N  O  D  X  Y  T  P
S  C  D  G  Q  B  R  J  D  W  F  E  D  A
```

Liste de mots

those	_____	though	_____	thought	_____
thousand	_____	threat	_____	three	_____
through	_____	throughout	_____	throw	_____
thus	_____	time	_____	to	_____
today	_____	together	_____	tonight	_____

Liste de Mots 61

```
K  X  X  K  G  Q  L  L  N  L  S  L  K  T
D  R  T  H  Q  E  P  P  A  Q  A  R  R  S
A  V  J  E  V  Z  F  S  M  N  I  A  P  O
D  P  D  A  J  E  T  Y  O  F  I  E  I  A
Q  P  R  N  W  O  T  I  H  N  E  W  R  T
C  T  W  T  K  J  T  G  I  R  Y  S  T  R
P  C  Y  R  X  I  U  N  T  A  U  W  E  E
B  J  W  I  D  O  G  S  V  K  G  V  N  A
Z  K  J  A  T  T  N  E  M  T  A  E  R  T
J  O  R  L  O  P  A  L  H  J  T  E  Q  L
G  T  T  L  W  C  B  F  A  R  P  S  C  C
J  J  O  F  A  I  U  K  A  T  K  T  E  P
W  C  O  W  R  M  R  D  D  O  O  M  O  P
G  R  H  I  D  H  E  P  F  S  A  T  U  M
```

Liste de mots

too ______	top ______	total ______	______
tough ______	toward ______	town ______	______
trade ______	traditional ______	training ______	______
travel ______	treat ______	treatment ______	______
tree ______	trial ______	trip ______	______

Liste de Mots 62

H	U	M	E	G	O	G	R	N	F	V	H	R	Q
T	R	U	T	H	P	M	R	E	R	Q	D	Y	B
N	T	V	B	U	X	Q	L	E	V	N	H	X	Y
A	K	R	O	F	O	B	D	V	A	K	G	C	Z
V	L	G	V	T	U	N	L	T	M	C	T	O	V
N	I	B	V	O	U	Z	S	O	U	S	E	M	A
O	T	T	R	L	F	R	G	T	I	N	U	L	E
P	N	T	M	H	E	Z	U	T	H	T	A	O	L
U	U	M	O	D	G	X	D	S	Y	Y	C	K	P
V	W	B	N	F	M	T	M	N	L	P	F	M	U
I	Y	U	J	U	Z	W	D	T	F	B	E	U	V
S	N	R	U	T	L	H	V	W	H	O	U	K	I
V	Q	S	T	T	U	B	M	O	W	W	C	U	Z
W	C	S	E	T	N	P	U	T	L	B	T	J	U

Liste de mots

trouble _____	truth _____	try _____	
turn _____	tv _____	two _____	
type _____	under _____	understand _____	
unit _____	until _____	up _____	
upon _____	us _____	use _____	

Liste de Mots 63

V	K	M	J	K	W	W	A	N	T	D	A	D	D
E	U	X	V	U	V	X	B	N	W	D	E	U	F
I	A	Y	I	V	I	U	E	A	V	A	L	U	E
W	X	V	O	O	C	J	I	N	E	F	U	W	Z
E	S	A	L	M	T	T	P	Y	J	W	Y	Q	J
C	W	R	E	H	I	T	Q	X	W	A	A	Y	V
Z	Z	I	N	S	M	N	T	Q	W	J	L	L	J
M	U	O	C	V	W	A	L	K	W	L	F	R	L
O	X	U	E	T	Y	R	E	V	A	A	L	A	F
A	T	S	E	L	U	W	Z	U	K	P	T	W	W
W	E	I	V	C	A	H	S	O	F	Y	L	C	B
L	T	B	U	T	D	U	Q	O	S	K	S	Z	H
Z	O	X	E	J	Z	X	C	Q	Y	K	N	D	E
A	G	R	C	E	D	J	J	V	H	M	F	E	V

Liste de mots

usually _____	value _____	various _____	_____
very _____	victim _____	view _____	_____
violence _____	wait _____	walk _____	_____
wall _____	want _____	war _____	_____
watch _____	water _____	way _____	_____

Liste de Mots 64

```
U  H  Y  W  R  H  N  O  P  A  E  W  M  P
L  M  I  G  C  B  Q  L  T  U  W  L  U  Z
K  U  J  I  I  W  K  W  H  S  R  U  M  N
Z  P  H  S  T  L  D  W  G  W  U  W  X  E
N  W  A  M  N  W  H  W  I  J  P  Y  R  Z
M  J  A  I  H  A  H  V  E  E  R  R  H  K
B  W  S  E  T  E  W  E  W  W  E  L  E  W
X  E  N  I  R  K  L  E  E  V  H  B  P  H
R  L  W  E  G  I  T  S  E  E  M  K  Y  E
A  L  E  Q  H  B  T  T  V  K  D  I  G  T
E  D  N  W  F  E  A  S  W  C  N  S  P  H
W  R  E  S  R  H  F  Y  A  E  C  I  B  E
U  C  W  N  W  J  Y  D  Y  C  S  X  J  R
Y  S  C  K  N  S  X  V  K  H  R  T  K  V
```

Liste de mots

we	_____	weapon	_____	wear	_____
week	_____	weight	_____	well	_____
west	_____	western	_____	what	_____
whatever	_____	when	_____	where	_____
whether	_____	which	_____	while	_____

Liste de Mots 65

C	A	N	L	H	S	Z	S	L	P	W	F	U	W	
K	K	B	F	T	S	I	U	W	O	Q	O	N	D	
O	P	N	I	W	L	I	C	Z	H	W	V	N	T	
T	A	O	Q	X	C	L	W	L	H	I	I	F	O	
H	O	C	W	W	K	Q	I	O	W	F	T	E	L	
N	D	F	H	H	I	D	M	W	I	E	F	E	F	
D	L	Z	M	U	O	T	V	J	W	F	T	H	Y	
W	I	T	H	I	N	C	H	W	H	C	H	T	E	
Q	W	Q	Y	J	G	W	P	W	Y	Z	I	N	B	
E	V	I	P	V	B	W	H	O	L	E	Y	B	P	
K	T	Q	N	C	S	E	H	B	B	W	W	A	P	
E	I	D	H	D	Q	D	G	O	L	W	O	Z	A	
A	F	M	D	K	O	I	W	D	S	J	U	T	K	
V	I	W	I	N	D	W	T	S	S	E	X	Z	F	

Liste de mots

white	who	whole	
whom	whose	why	
wide	wife	will	
win	wind	window	
wish	with	within	

Liste de Mots 66

Z M Y T S G N O P Y E S Z E
H R M O V P I W O R K E R M
W V G L U I T W O R L D Q S
A J T O Z R R P X Y D K N Z
C Z H V L A D T E Y A R D I
S W Z X E K N T V C B V E N
C I O Y U N R J Y Q F G Y A
K B X R E R J O C V K E V V
E G Z S D A U A W I N I U D
D X E X N N H J Q A N O T N
G P U Z G W Y L M D Y Y G T
W L B V W V L O W O N D E R
A R J S W R W K Z X N J N T
K M T D I Y W I T H O U T J

Liste de mots

without	______	woman	______	wonder	______
word	______	work	______	worker	______
world	______	yard	______	yeah	______
year	______	yes	______	yet	______
you	______	young	______	your	

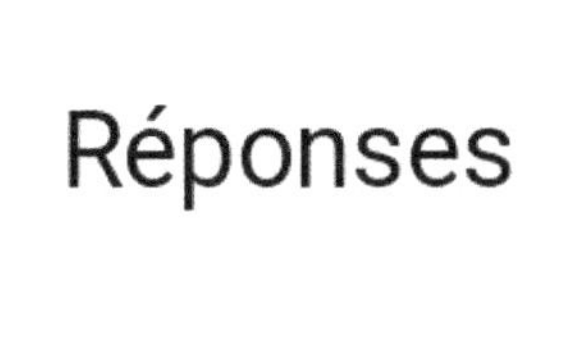

Réponses

Liste de Mots 1

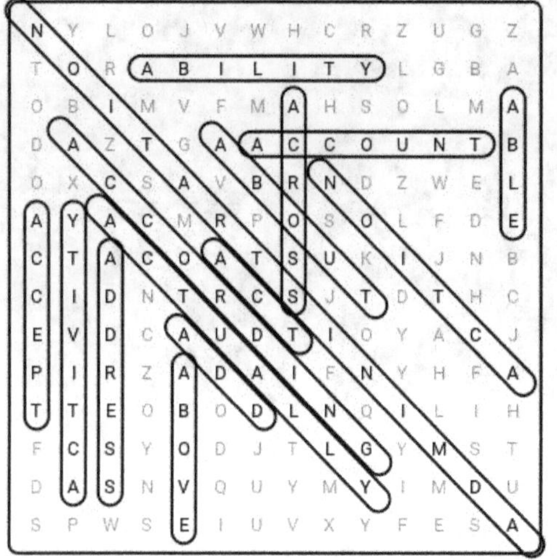

Liste de Mots 2

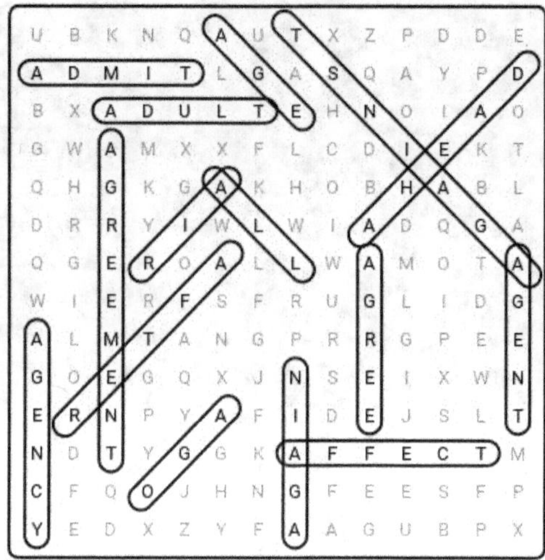

Liste de Mots 3

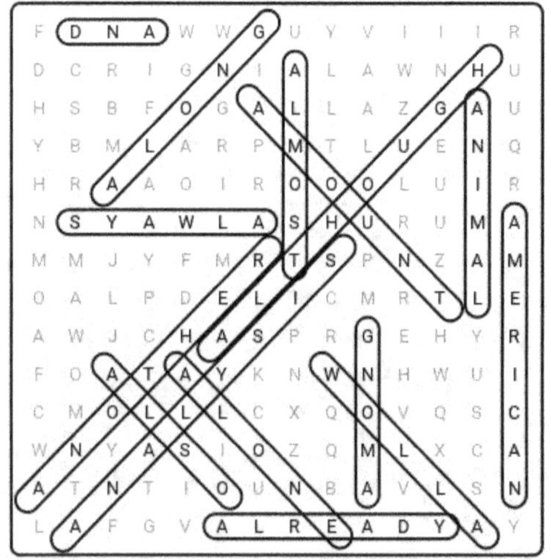

Liste de Mots 4

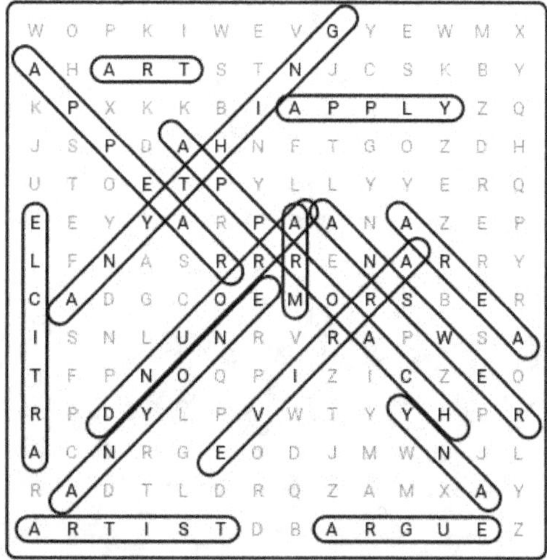

Liste de Mots 5

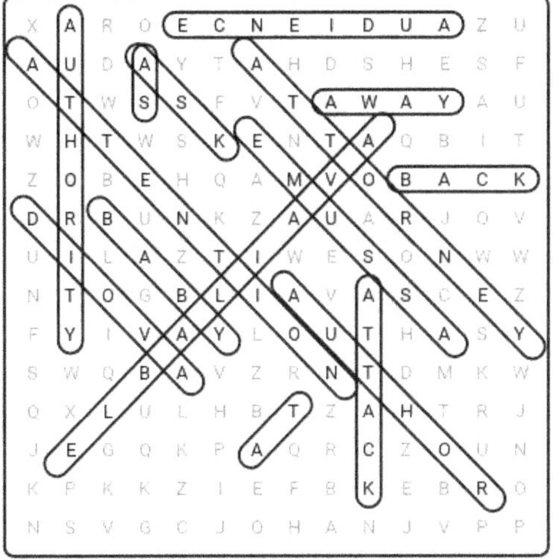

Liste de Mots 6

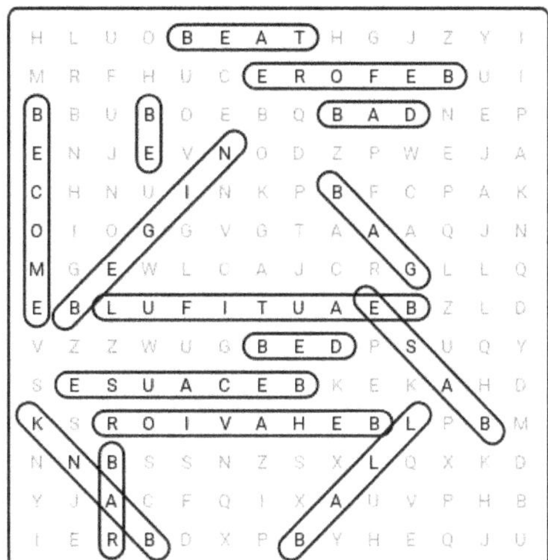

Liste de Mots 7

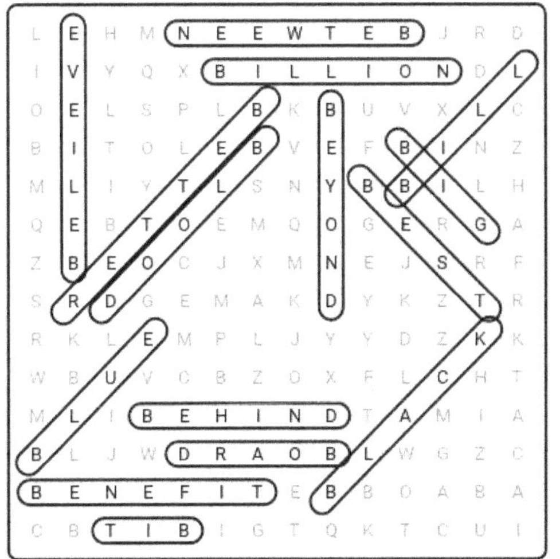

Liste de Mots 8

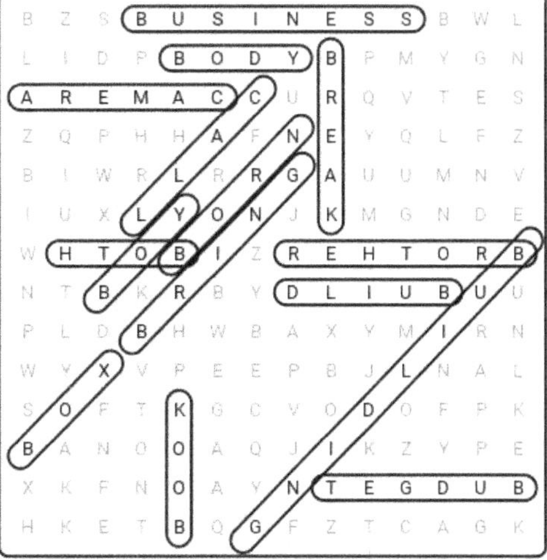

Liste de Mots 9

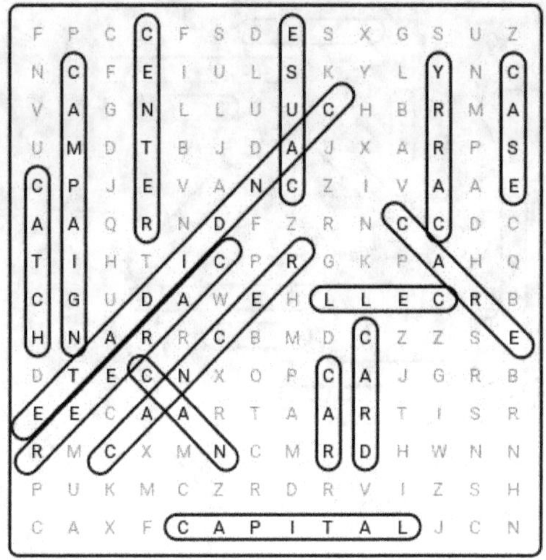

Liste de Mots 10

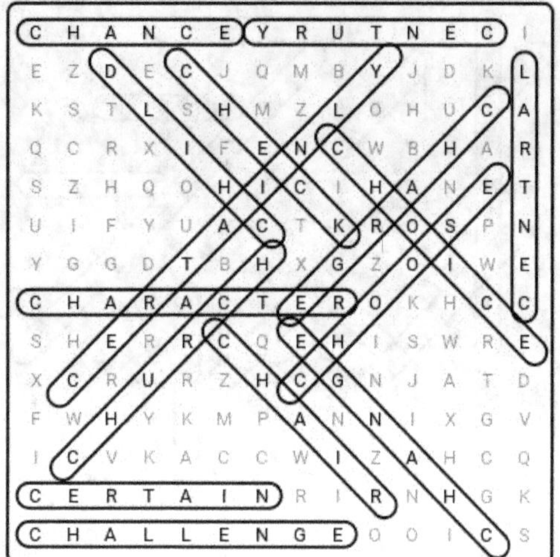

Liste de Mots 11

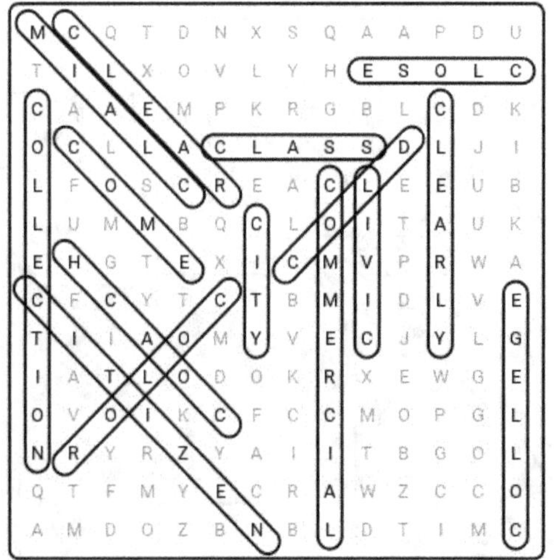

Liste de Mots 12

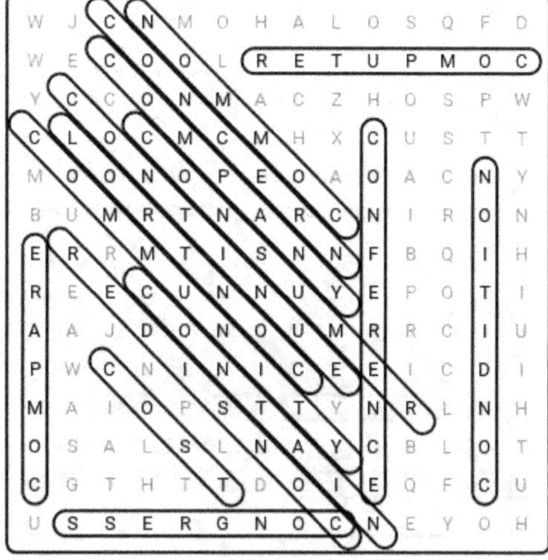

Liste de Mots 13

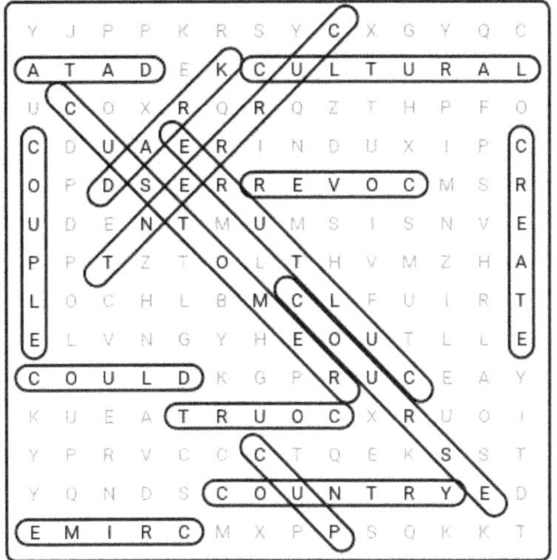

Liste de Mots 14

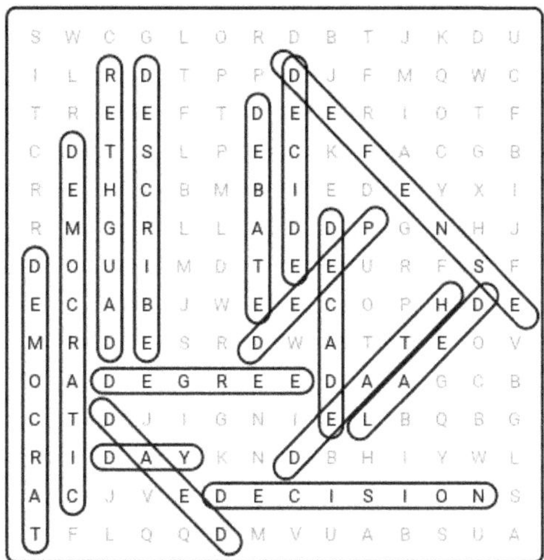

Liste de Mots 15

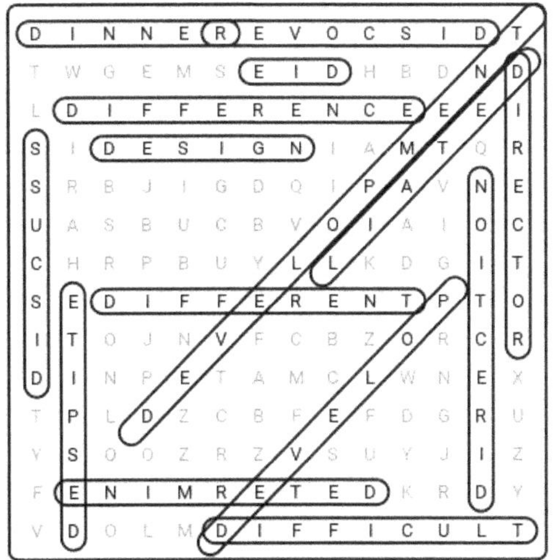

Liste de Mots 16

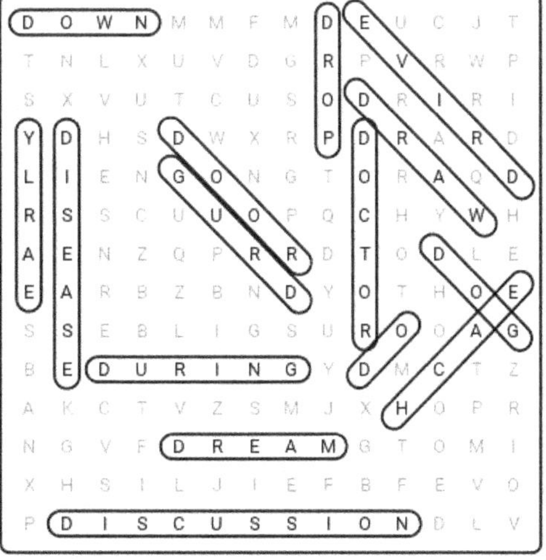

Liste de Mots 17

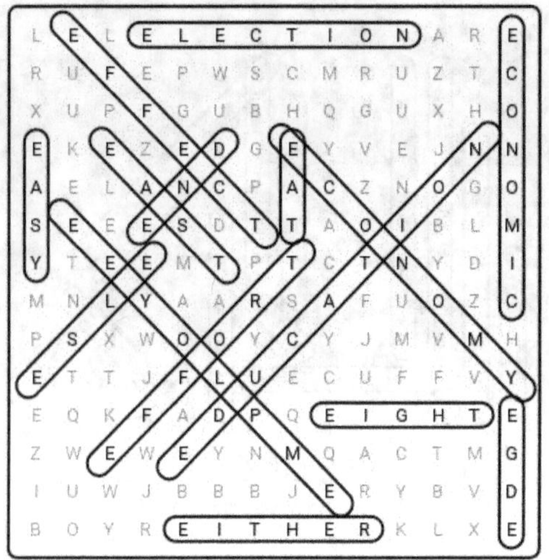

Liste de Mots 18

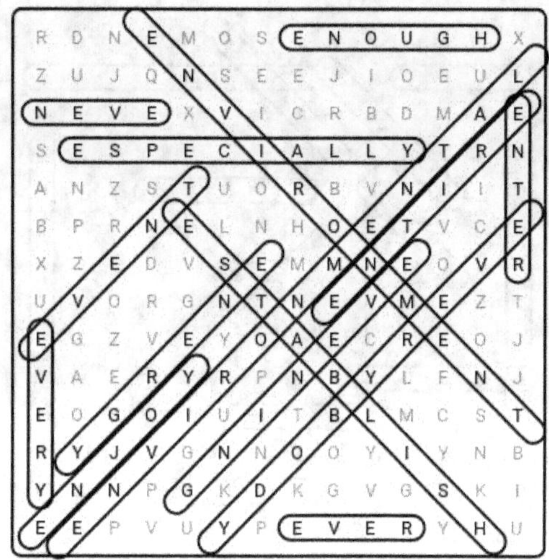

Liste de Mots 19

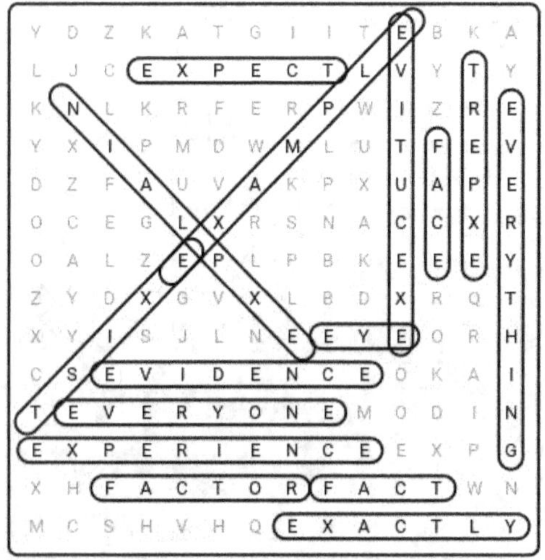

Liste de Mots 20

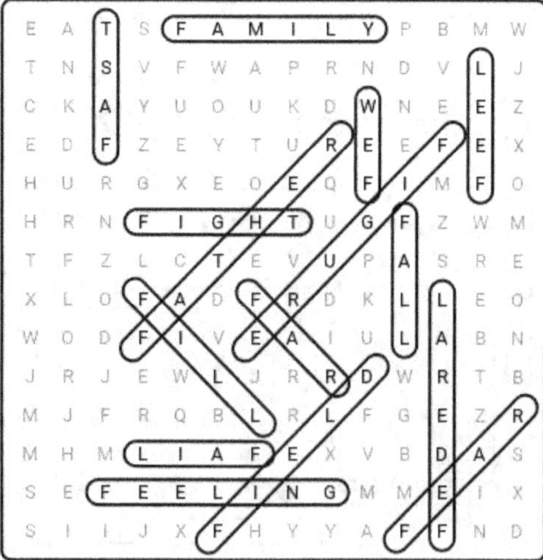

Liste de Mots 21

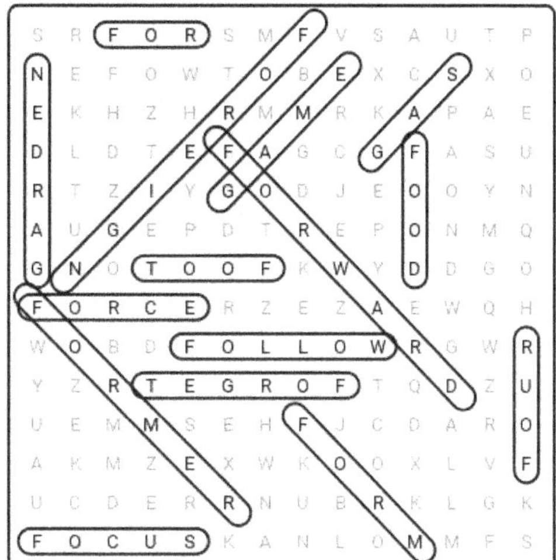

Liste de Mots 22

Liste de Mots 23

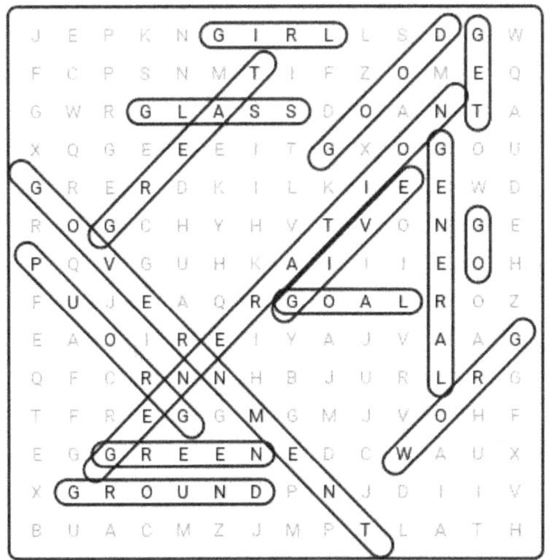

Liste de Mots 24

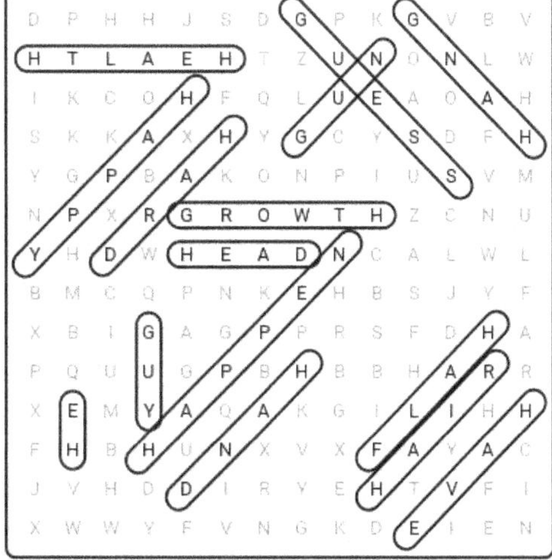

Liste de Mots 25

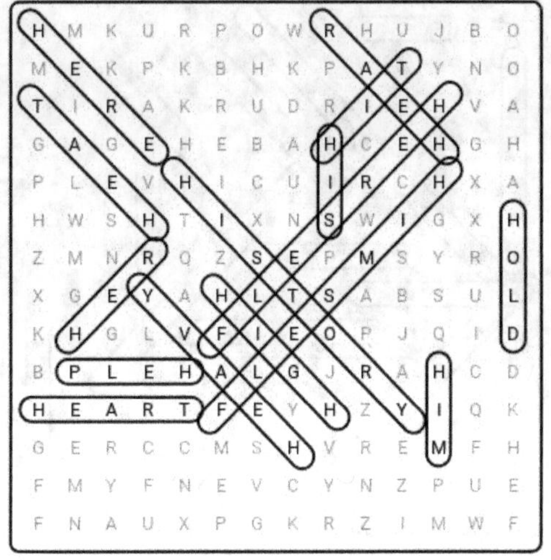

Liste de Mots 26

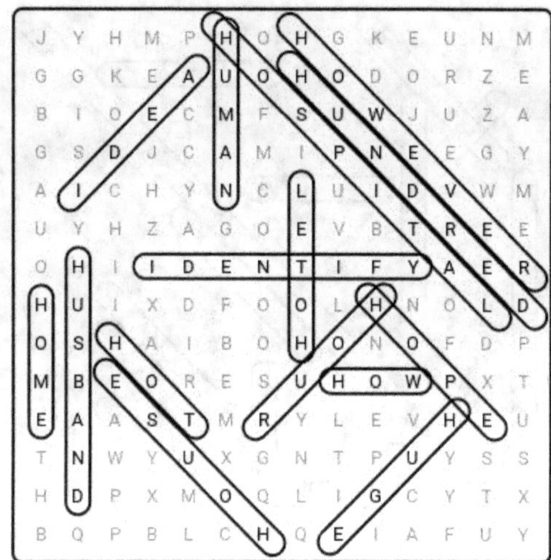

Liste de Mots 27

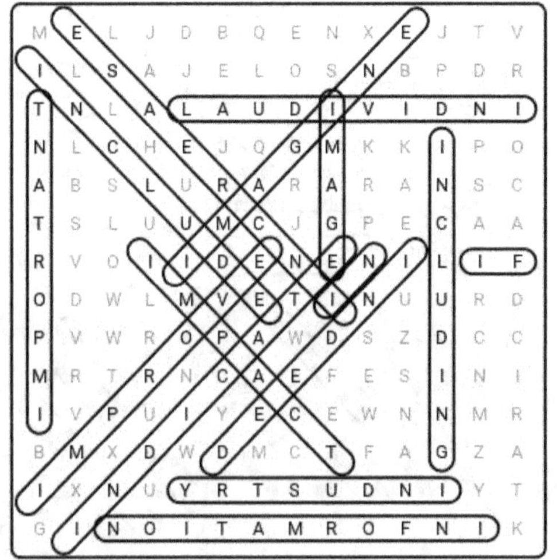

Liste de Mots 28

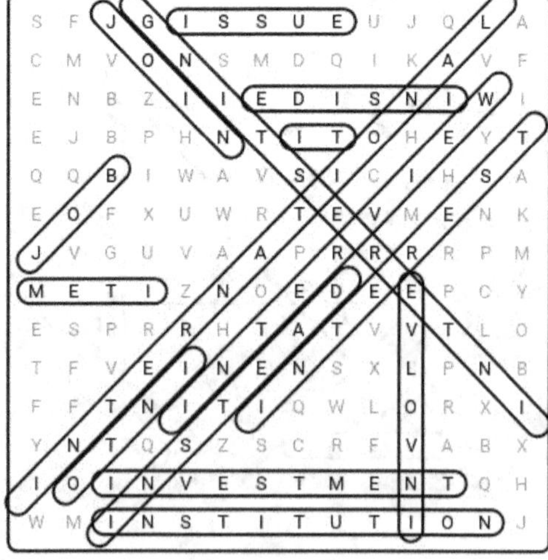

Liste de Mots 29

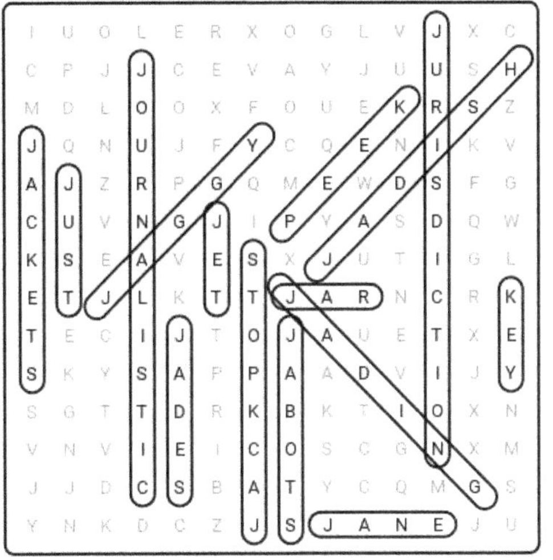

Liste de Mots 30

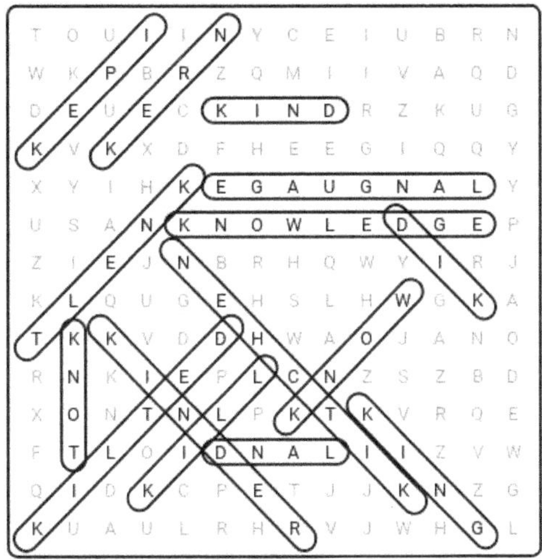

Liste de Mots 31

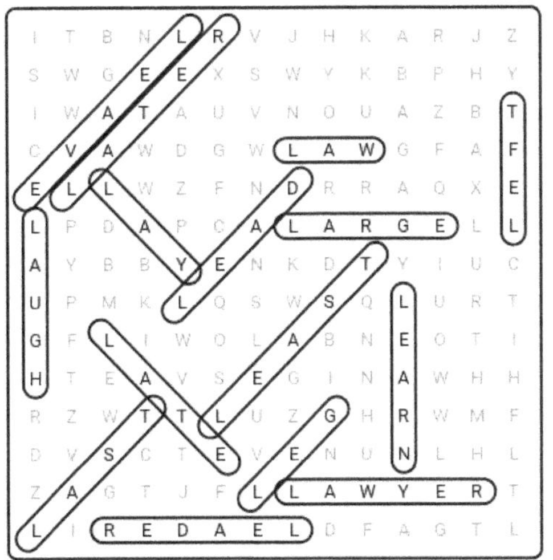

Liste de Mots 32

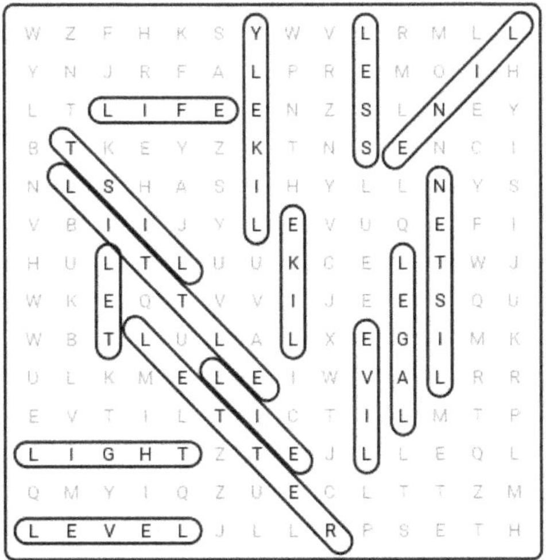

Liste de Mots 33

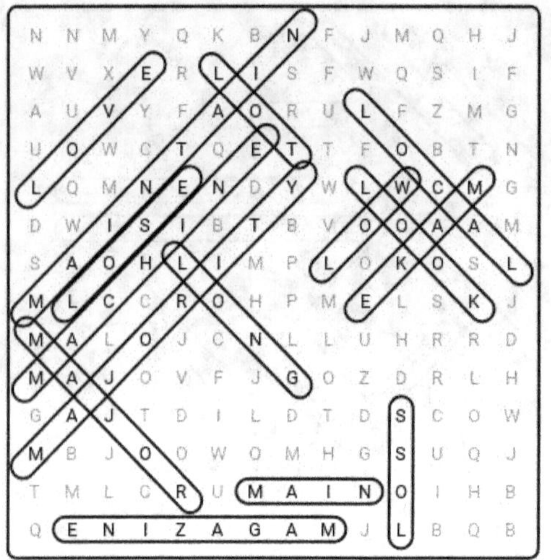

Liste de Mots 34

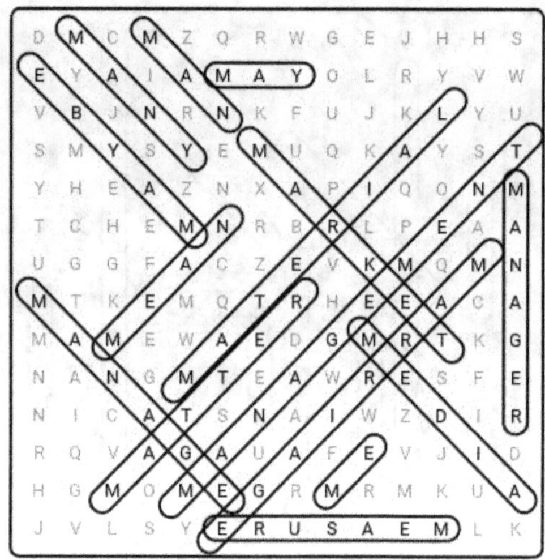

Liste de Mots 35

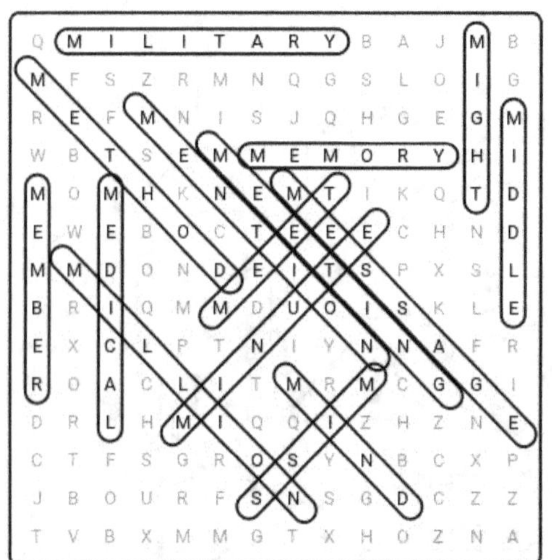

Liste de Mots 36

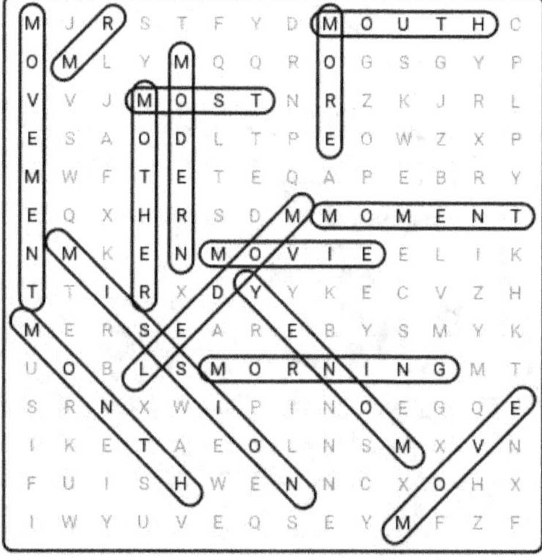

Liste de Mots 37

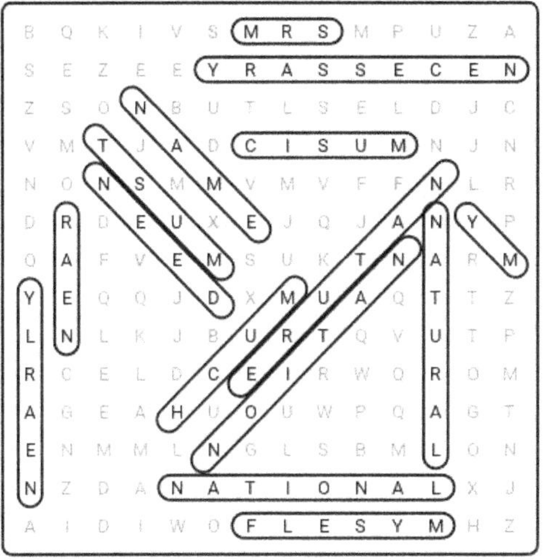

Liste de Mots 38

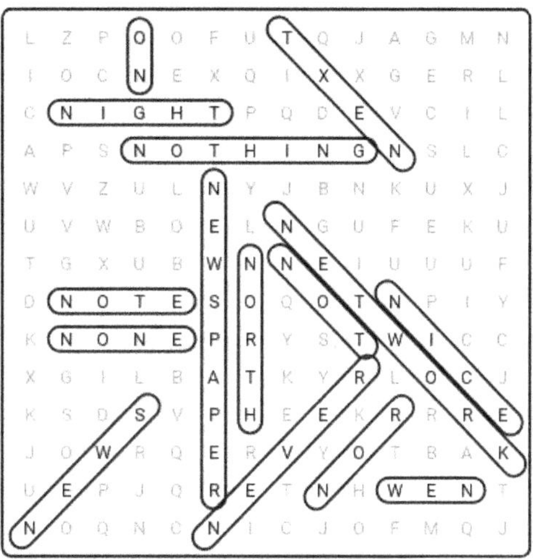

Liste de Mots 39

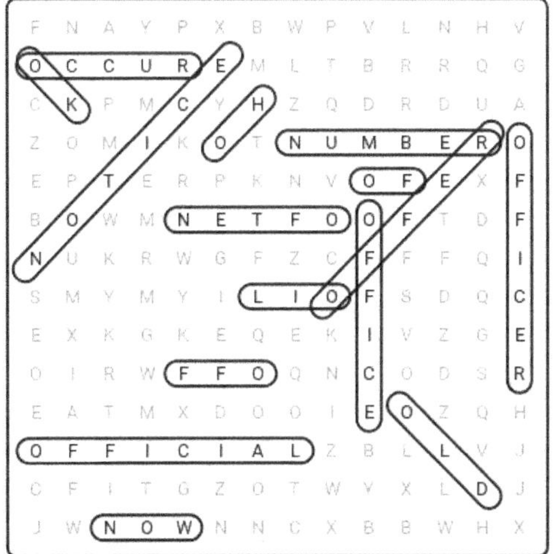

Liste de Mots 40

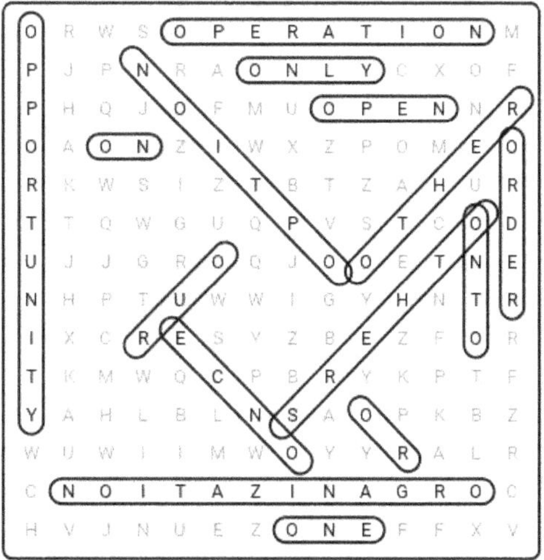

Liste de Mots 41

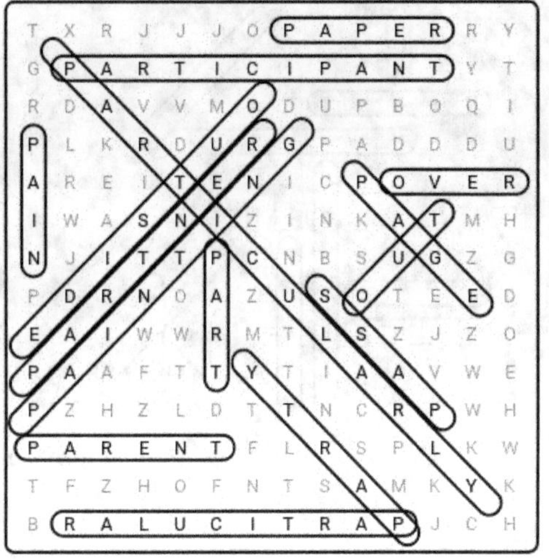

Liste de Mots 42

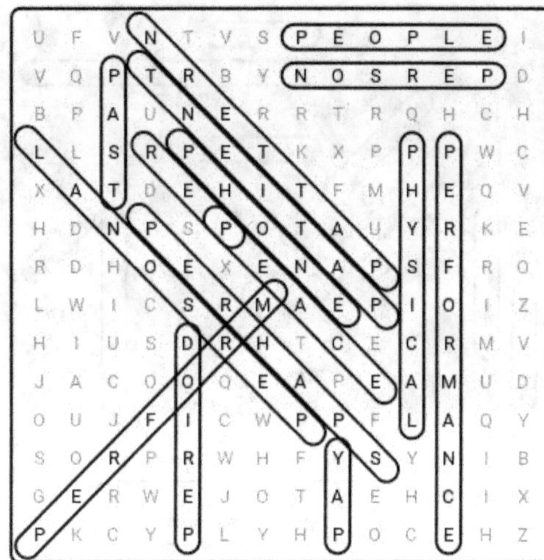

Liste de Mots 43

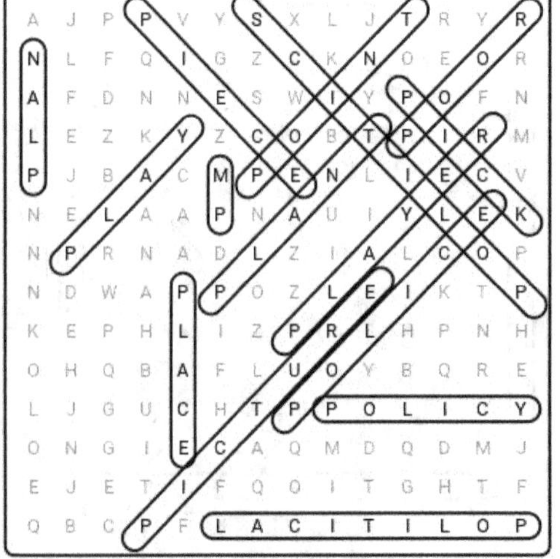

Liste de Mots 44

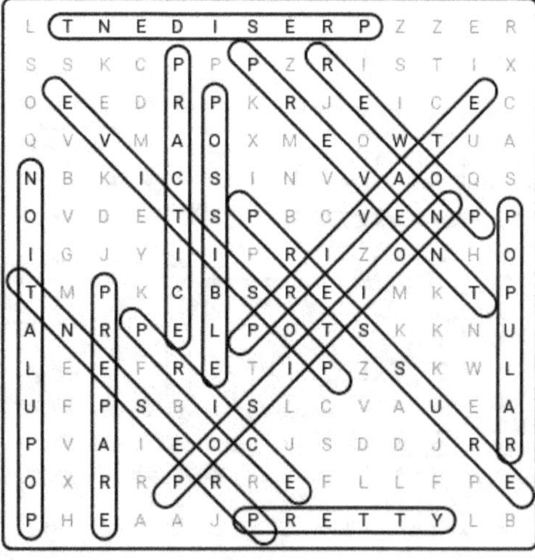

Liste de Mots 45

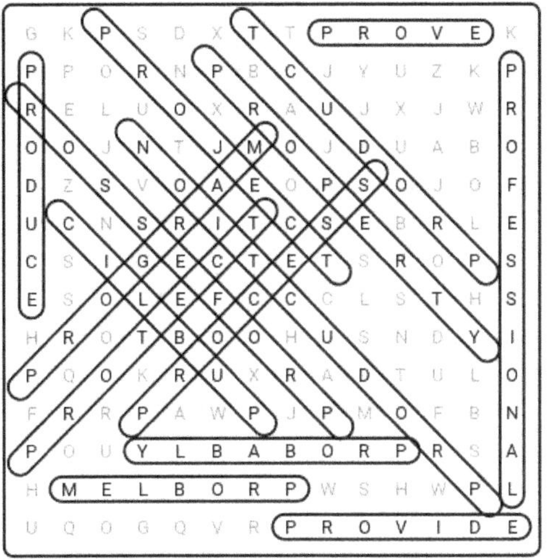

Liste de Mots 46

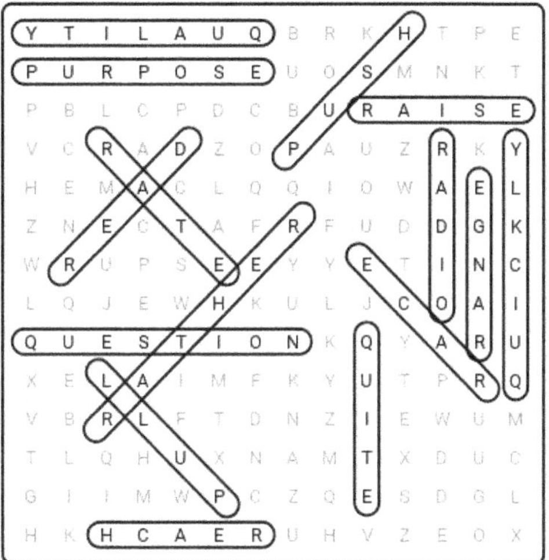

Liste de Mots 47

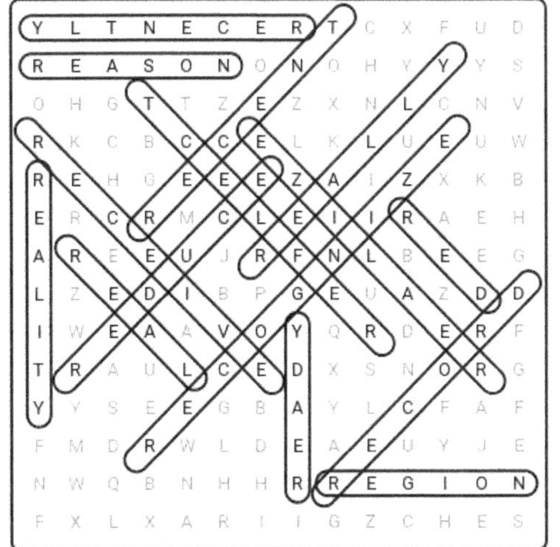

Liste de Mots 48

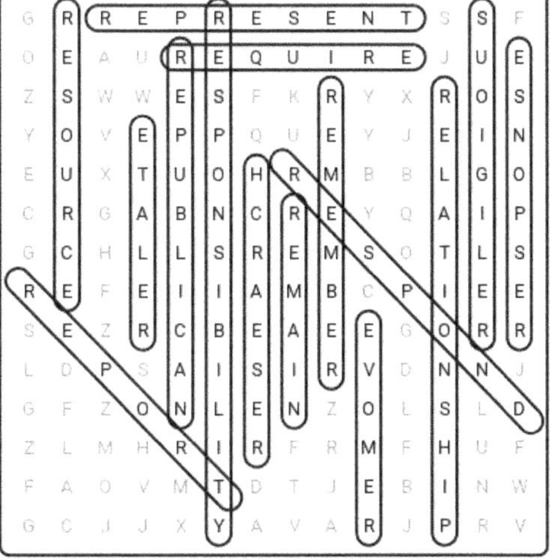

Liste de Mots 49

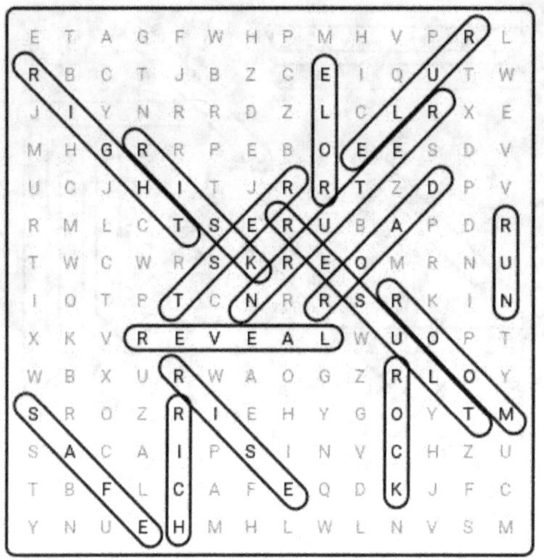

Liste de Mots 50

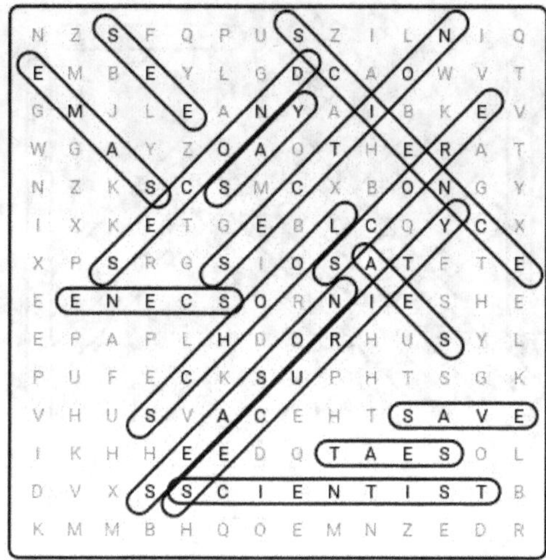

Liste de Mots 51

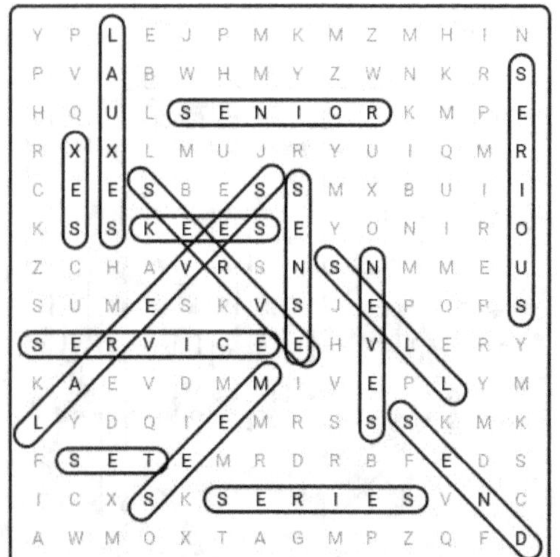

Liste de Mots 52

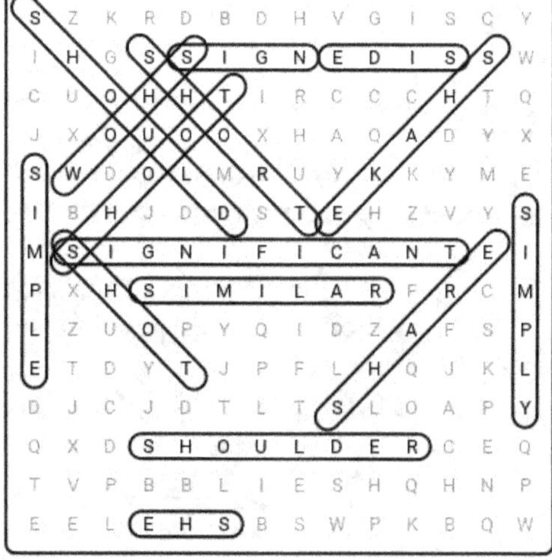

Liste de Mots 53

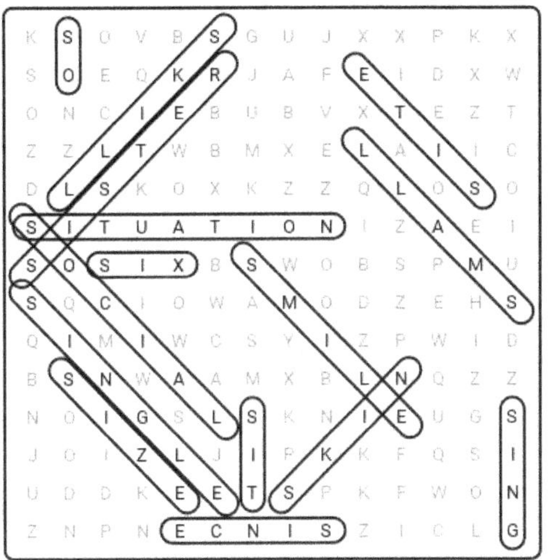

Liste de Mots 54

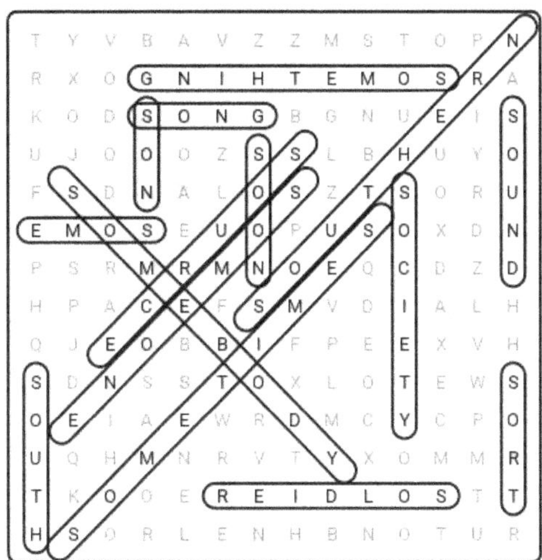

Liste de Mots 55

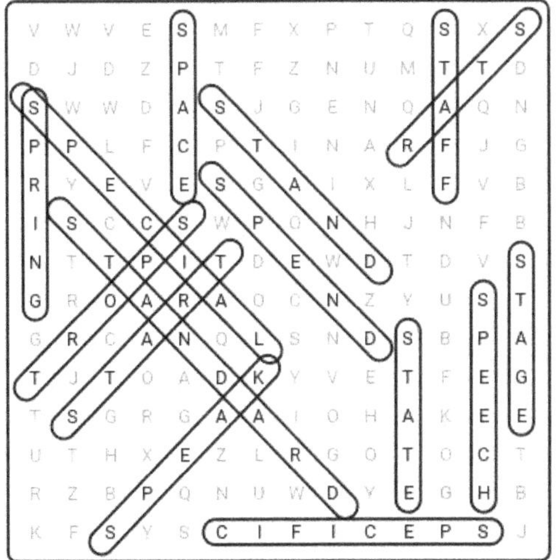

Liste de Mots 56

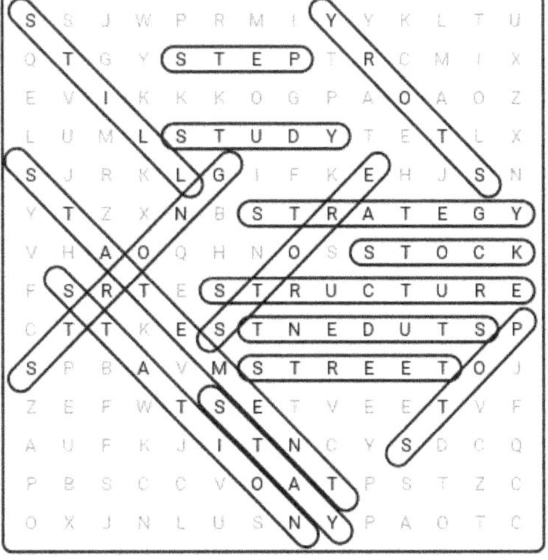

Liste de Mots 57

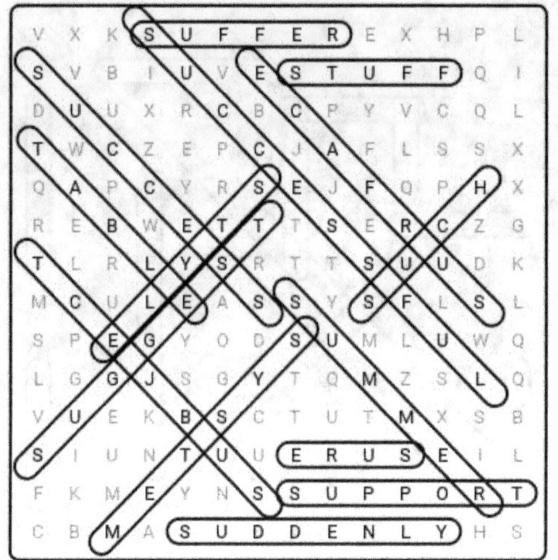

Liste de Mots 58

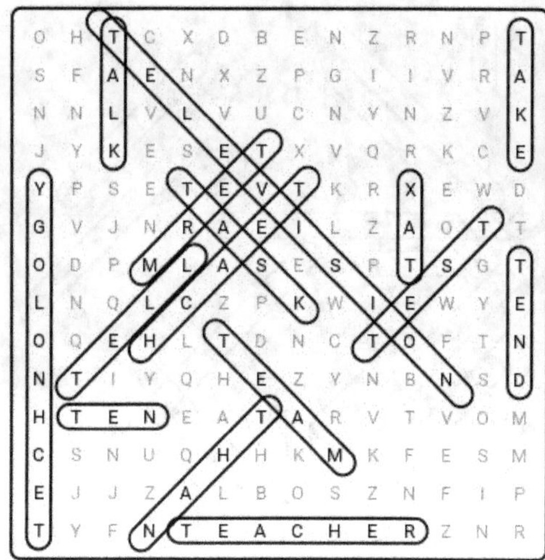

Liste de Mots 59

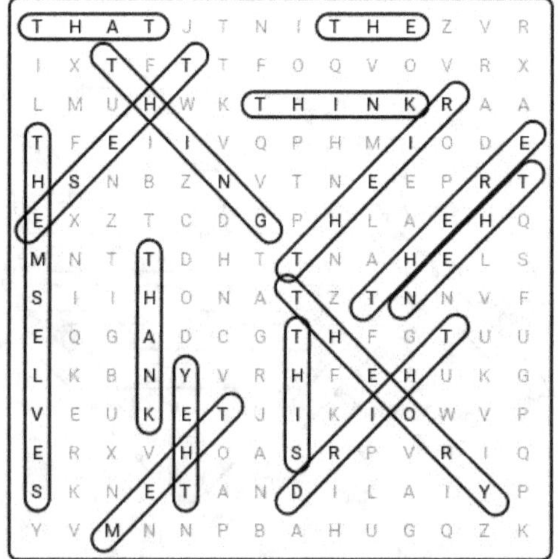

Liste de Mots 60

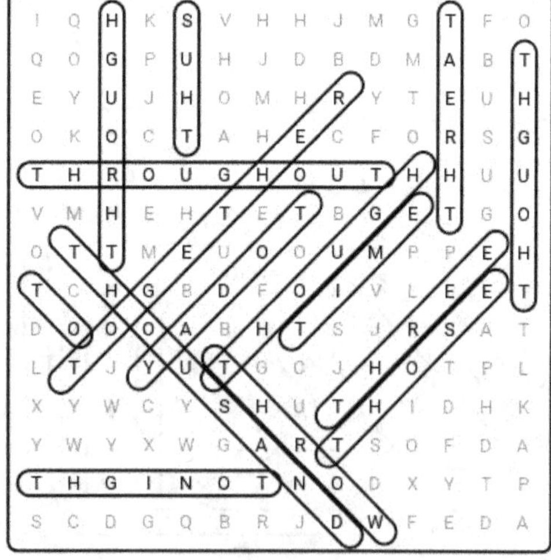

Liste de Mots 61

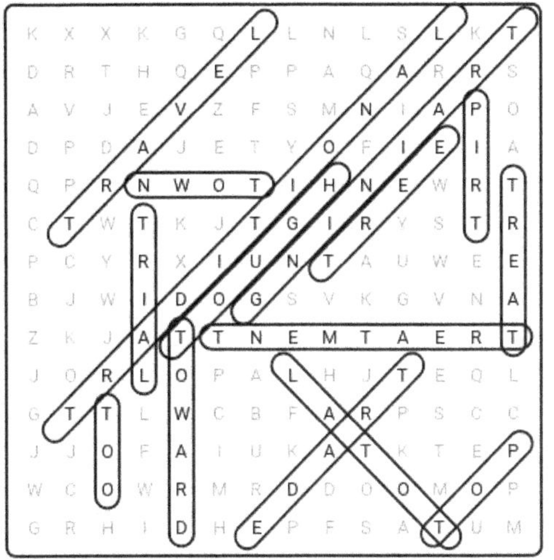

Liste de Mots 62

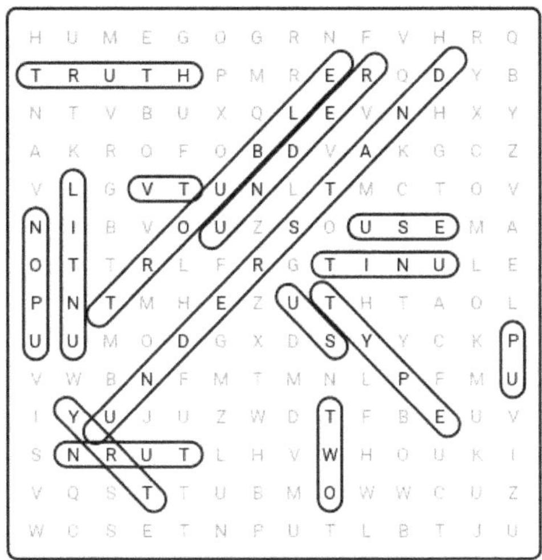

Liste de Mots 63

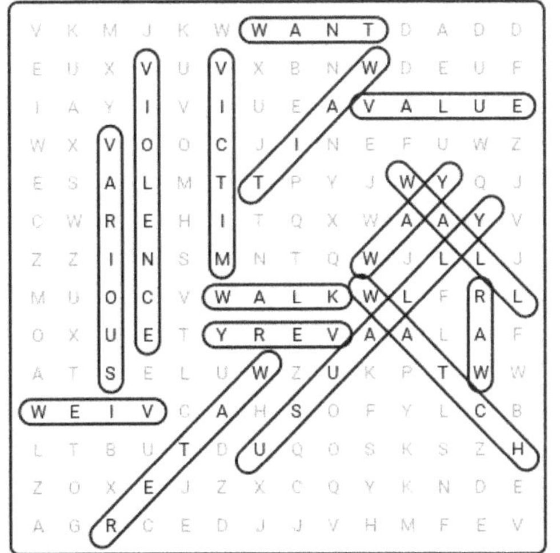

Liste de Mots 64

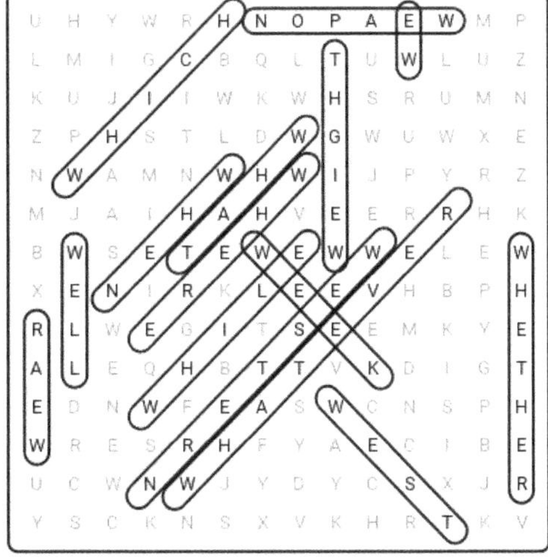

Liste de Mots 65

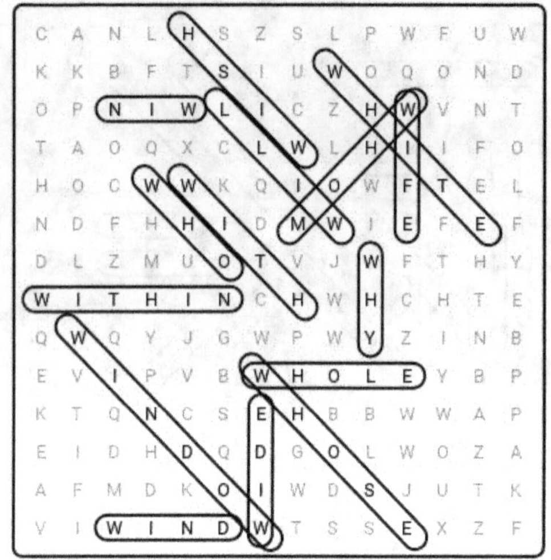

Liste de Mots 66

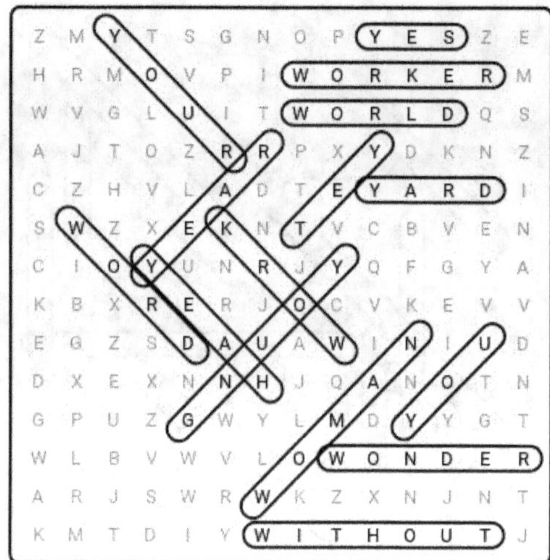

Lexique

capacité	ability	encore une fois	again
capable	able	contre	against
environ	about	âge	age
ci-dessus	above	organisme	agency
accepter	accept	agent	agent
selon	according	il y a	ago
compte	account	convenir	agree
à travers	across	accord	agreement
agir	act	devant	ahead
action	action	air	air
activité	activity	tous	all
en fait	actually	permettre	allow
ajouter	add	presque	almost
adresse	address	seul	alone
administration	administration	le long	along
admettre	admit	déjà	already
adulte	adult	également	also
affecter	affect	bien que	although
après	after	toujours	always

Américain	American	art	art
parmi	among	article	article
montant	amount	artiste	artist
analyse	analysis	comme	as
et	and	demander	ask
animal	animal	assumer	assume
autre	another	à	at
réponse	answer	attaque	attack
tout	any	attention	attention
quelqu'un	anyone	avocat	attorney
quelque chose	anything	auditoire	audience
apparaissent	appear	auteur	author
appliquer	apply	autorité	authority
approche	approach	disponible	available
zone	area	éviter	avoid
argumentent	argue	loin	away
bras	arm	bébé	baby
autour	around	retour	back
arriver	arrive	mauvais	bad

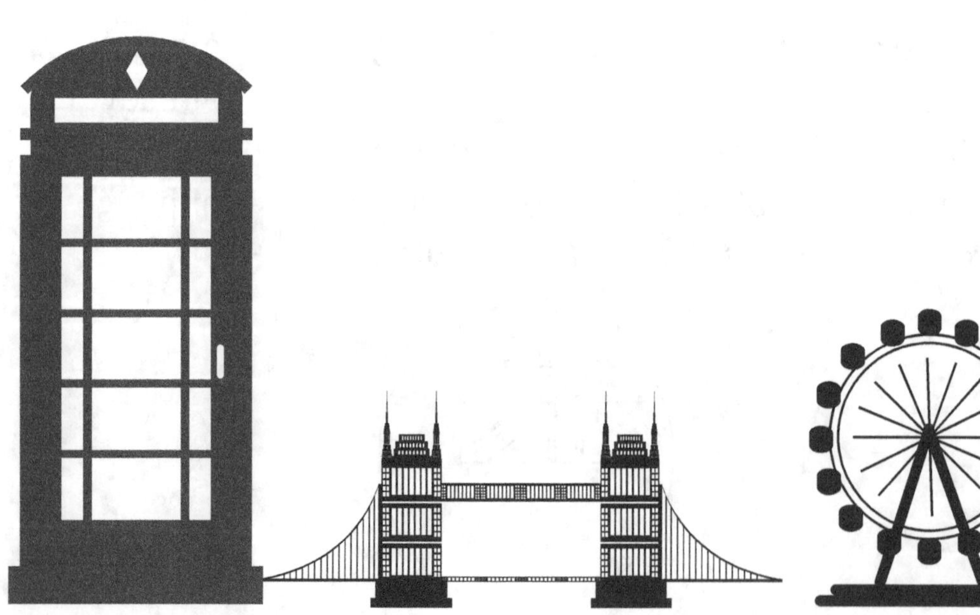

sac	bag	entre	between
balle	ball	au-delà	beyond
banque	bank	gros	big
bar	bar	projet de loi	bill
base	base	milliards	billion
être	be	bit	bit
battre	beat	noir	black
beau	beautiful	sang	blood
parce que	because	bleu	blue
devenir	become	conseil	board
lit	bed	corps	body
avant	before	livre	book
commencer	begin	né	born
comportement	behavior	les deux	both
derrière	behind	boîte	box
croire	believe	garçon	boy
avantage	benefit	pause	break
meilleur	best	apporter	bring
mieux	better	frère	brother

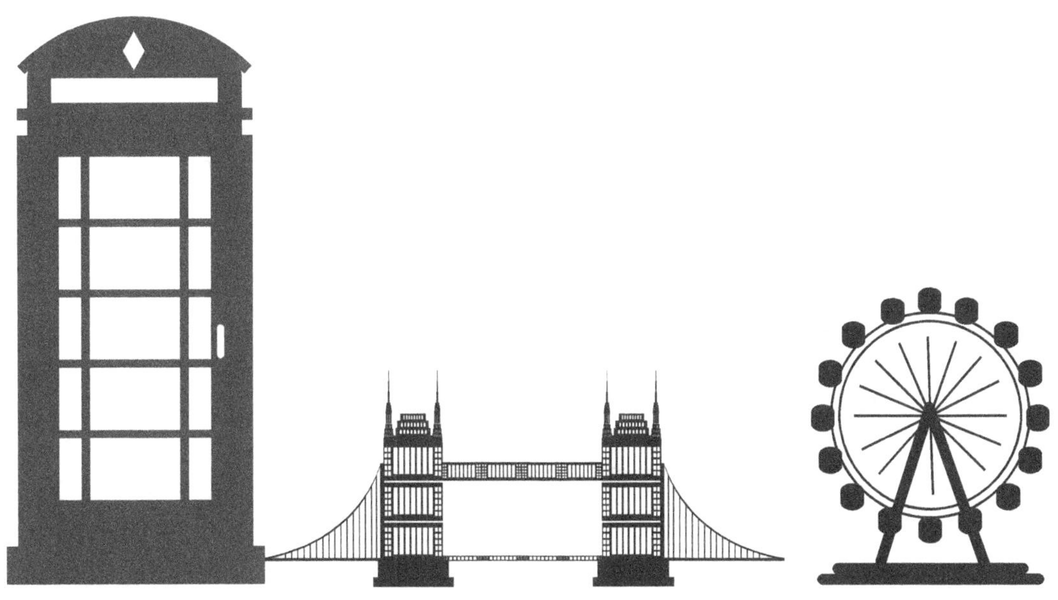

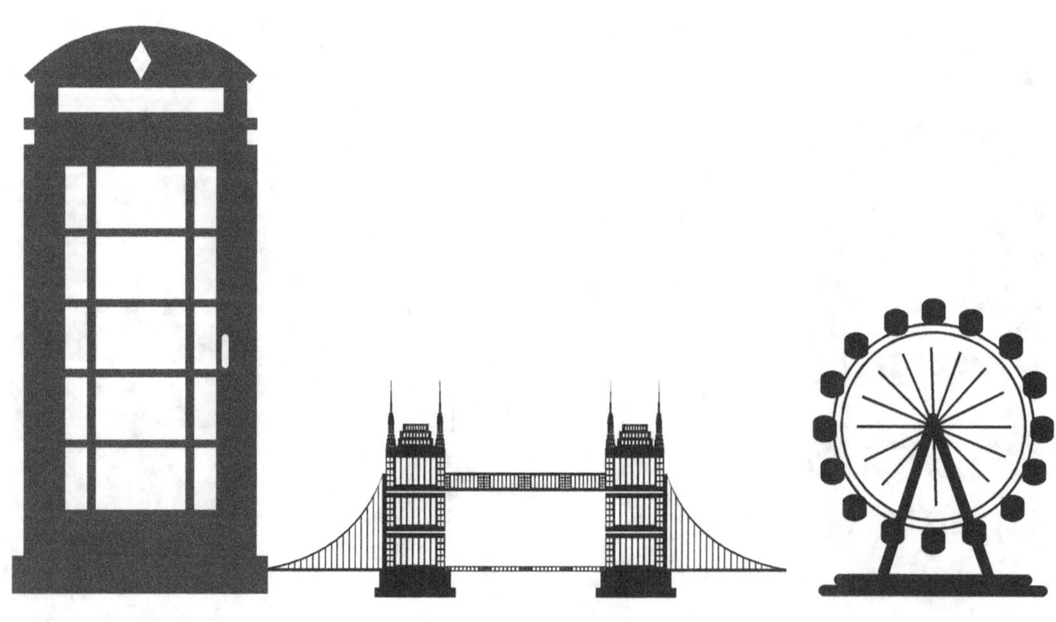

budget	budget	cellule	cell
construire	build	centre	center
bâtiment	building	central	central
entreprise	business	siècle	century
appel	call	certains	certain
caméra	camera	certainement	certainly
campagne	campaign	chaise	chair
peut	can	défi	challenge
cancer	cancer	chance	chance
candidat	candidate	changement	change
capital	capital	caractère	character
voiture	car	charge	charge
carte	card	vérifier	check
soins	care	enfant	child
carrière	career	choix	choice
transporter	carry	choisir	choose
cas	case	église	church
attraper	catch	citoyen	citizen
cause	cause	ville	city

civile	civil	condition	condition
réclamation	claim	conférence	conference
classe	class	Congrès	Congress
clair	clear	envisager	consider
clairement	clearly	consommateur	consumer
fermer	close	contiennent	contain
entraîneur	coach	continuer	continue
froid	cold	contrôle	control
collection	collection	coût	cost
collège	college	pourrait	could
couleur	color	pays	country
venir	come	couple	couple
commercial	commercial	cours	course
commun	common	cour	court
communauté	community	couverture	cover
entreprise	company	créer	create
comparer	compare	crime	crime
ordinateur	computer	culturel	cultural
préoccupation	concern	culture	culture

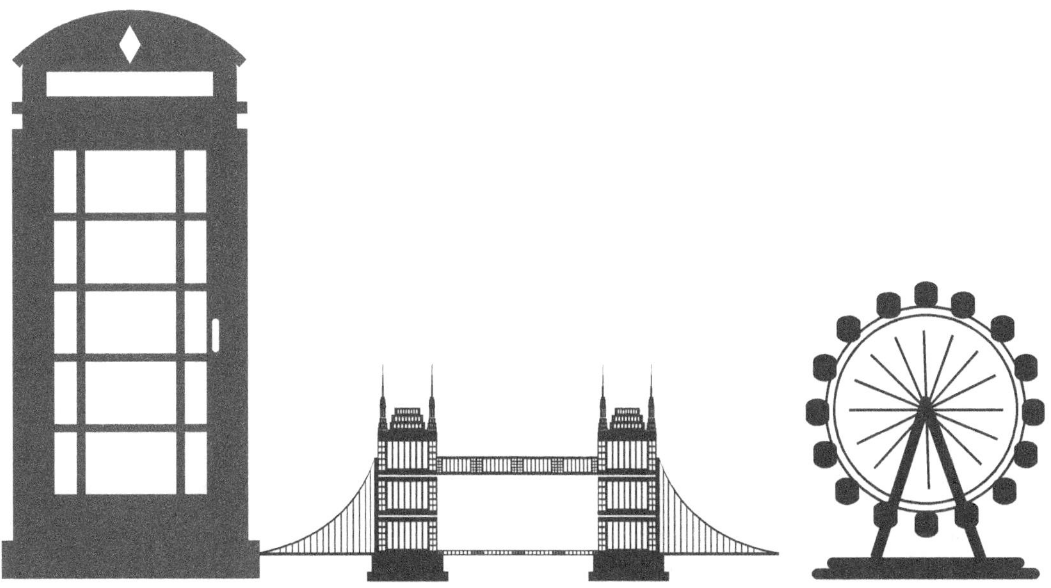

tasse	cup	décrire	describe
courant	current	conception	design
client	customer	malgré	despite
sombre	dark	détail	detail
données	data	déterminer	determine
fille	daughter	élaborer	develop
jour	day	développement	development
mort	dead	mourir	die
accord	deal	différence	difference
décès	death	différent	different
débat	debate	difficile	difficult
décennie	decade	dîner	dinner
décider	decide	direction	direction
décision	decision	directeur	director
profonde	deep	découvrir	discover
défense	defense	discuter	discuss
degré	degree	discussion	discussion
Démocrate	Democrat	maladie	disease
démocratique	democratic	faire	do

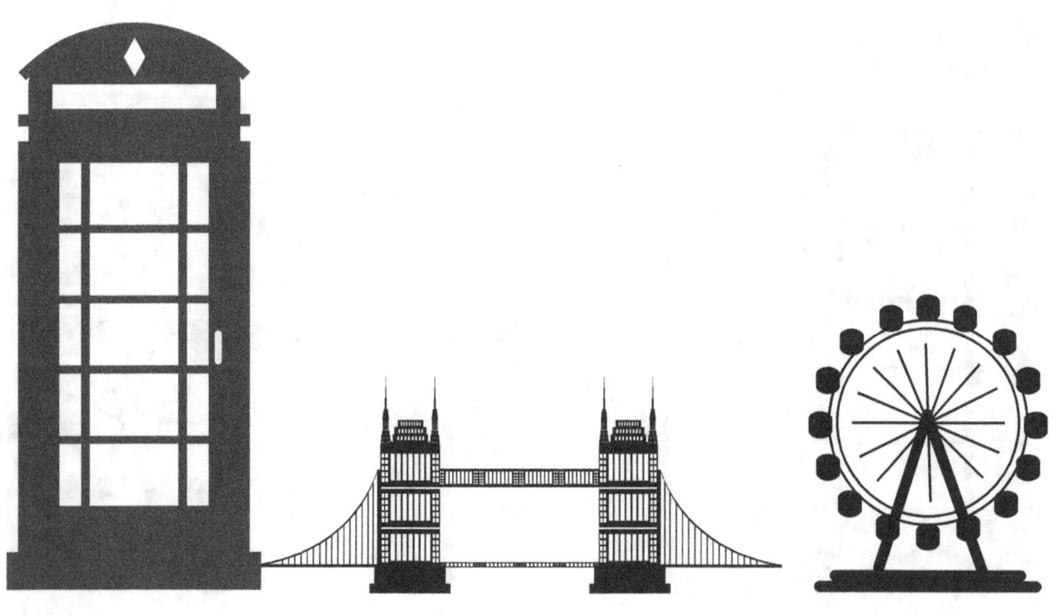

médecin	doctor	effet	effect
chien	dog	effort	effort
porte	door	huit	eight
vers le bas	down	soit	either
dessiner	draw	élection	election
rêve	dream	sinon	else
conduire	drive	employé	employee
chute	drop	fin	end
médicament	drug	énergie	energy
pendant	during	profiter	enjoy
chaque	each	assez	enough
tôt	early	entrer	enter
est	east	ensemble	entire
facile	easy	environnement	environment
manger	eat	environnement	environmental
économique	economic	particulièremer	especially
économie	economy	établir	establish
bord	edge	même	even
éducation	education	soir	evening

événement	event	échouer	fail
jamais	ever	automne	fall
chaque	every	famille	family
tout le monde	everybody	loin	far
tout le monde	everyone	rapide	fast
tout	everything	père	father
preuve	evidence	peur	fear
exactement	exactly	fédéral	federal
exemple	example	sentir	feel
cadre supérieur	executive	sentiment	feeling
existent	exist	quelques	few
s'attendre à	expect	champ	field
expérience	experience	lutter contre	fight
expert	expert	figure	figure
expliquer	explain	remplir	fill
oeil	eye	film	film
visage	face	finale	final
fait	fact	enfin	finally
facteur	factor	financière	financial

trouver	find	forme	form
bien	fine	ancien	former
doigt	finger	avant	forward
finition	finish	quatre	four
incendie	fire	jeu	game
entreprise	firm	jardin	garden
premier	first	gaz	gas
poisson	fish	général	general
cinq	five	génération	generation
étage	floor	obtenir	get
voler	fly	fille	girl
foyer	focus	donner	give
suivre	follow	verre	glass
aliments	food	aller	go
pied	foot	objectif	goal
pour	for	bon	good
force	force	gouvernement	government
étranger	foreign	grand	great
oublier	forget	vert	green

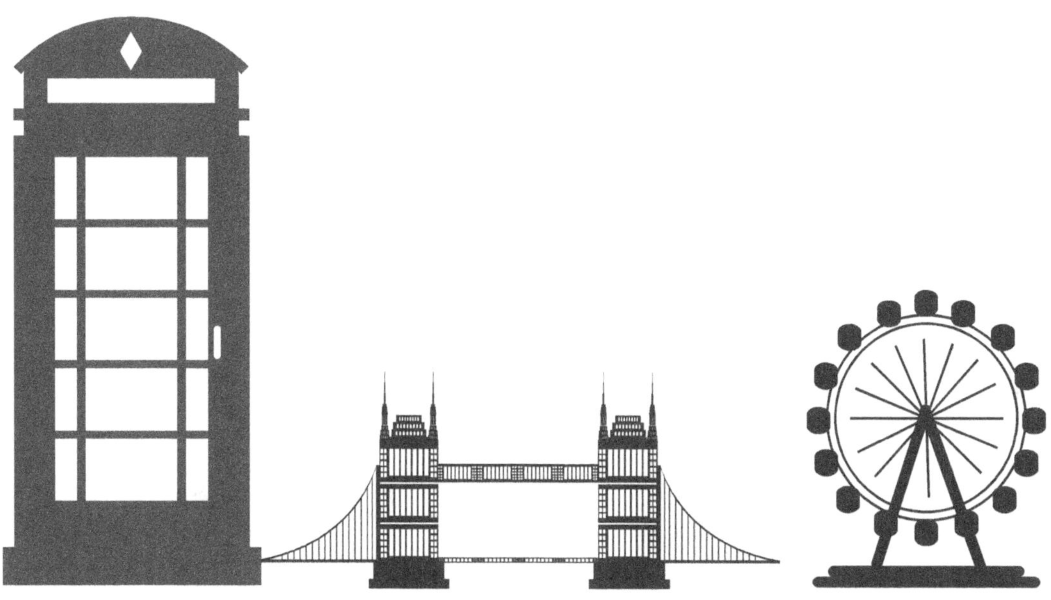

sol	ground	coeur	heart
groupe	group	chaleur	heat
croître	grow	lourd	heavy
croissance	growth	aider	help
devinez	guess	son	her
arme à feu	gun	ici	here
gars	guy	elle-même	herself
cheveux	hair	élevé	high
moitié	half	lui	him
main	hand	lui-même	himself
accrocher	hang	son	his
se produire	happen	histoire	history
heureux	happy	frappé	hit
dur	hard	tenir	hold
ont	have	maison	home
il	he	espoir	hope
tête	head	hôpital	hospital
santé	health	chaud	hot
entendre	hear	hôtel	hotel

heure	hour	augmentation	increase
maison	house	en effet	indeed
comment	how	indiquer	indicate
toutefois	however	individu	individual
énorme	huge	industrie	industry
humain	human	information	information
100	hundred	à l'intérieur	inside
mari	husband	plutôt	instead
idée	idea	institution	institution
identifier	identify	intérêt	interest
si	if	intéressant	interesting
image	image	international	international
imaginer	imagine	entrevue	interview
impact	impact	en	into
important	important	investissement	investment
améliorer	improve	impliquer	involve
dans	in	problème	issue
inclure	include	il	it
y compris	including	article	item

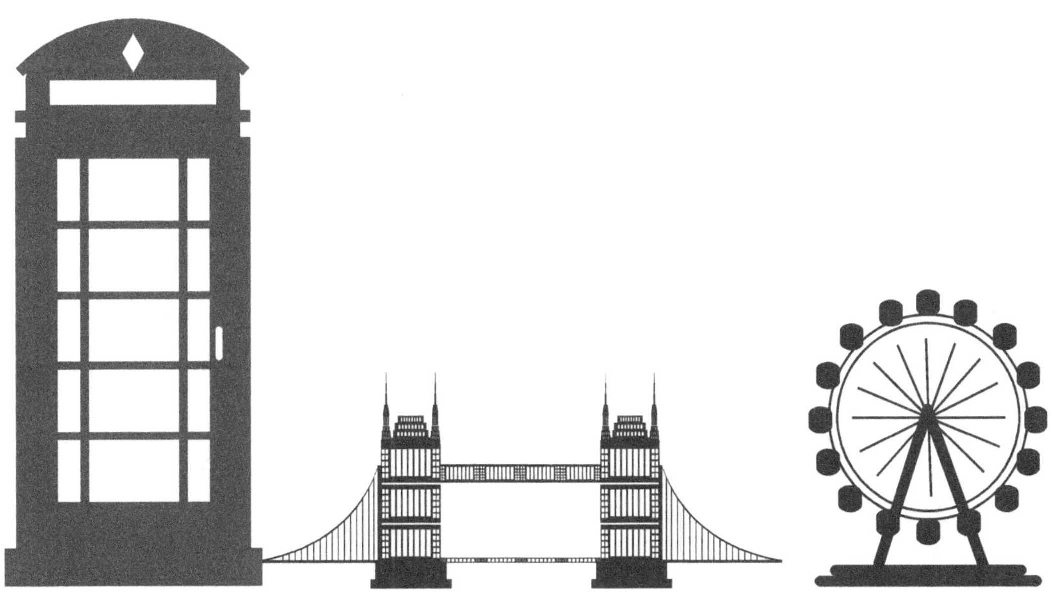

emploi	job	genre	kind
adhérer	join	cuisine	kitchen
juste	just	savoir	know
journalistique	journalistic	connaissance	knowledge
compétence	jurisdiction	kepi	kepi
jades	jades	roi	king
jaggy	jaggy	genoux	knelt
jet	jet	kinder	kinder
pot	jar	kilted	kilted
jabots	jabots	noeud	knot
jading	jading	kern	kern
jadis	jadish	terre	land
jane	jane	langue	language
jackpots	jackpots	grand	large
vestes	jackets	dernier	last
garder	keep	retard	late
clé	key	plus tard	later
enfant	kid	rire	laugh
tuer	kill	loi	law

avocat	lawyer	ligne	line
poser	lay	liste	list
plomb	lead	écouter	listen
leader	leader	petit	little
apprendre	learn	vivre	live
moins	least	local	local
départ	leave	long	long
gauche	left	regarder	look
jambe	leg	perdre	lose
juridique	legal	perte	loss
moins	less	lot	lot
laisser	let	amour	love
lettre	letter	faible	low
niveau	level	machine	machine
mensonge	lie	magazine	magazine
vie	life	principal	main
lumière	light	maintenir	maintain
comme	like	majeur	major
probablement	likely	majorité	majority

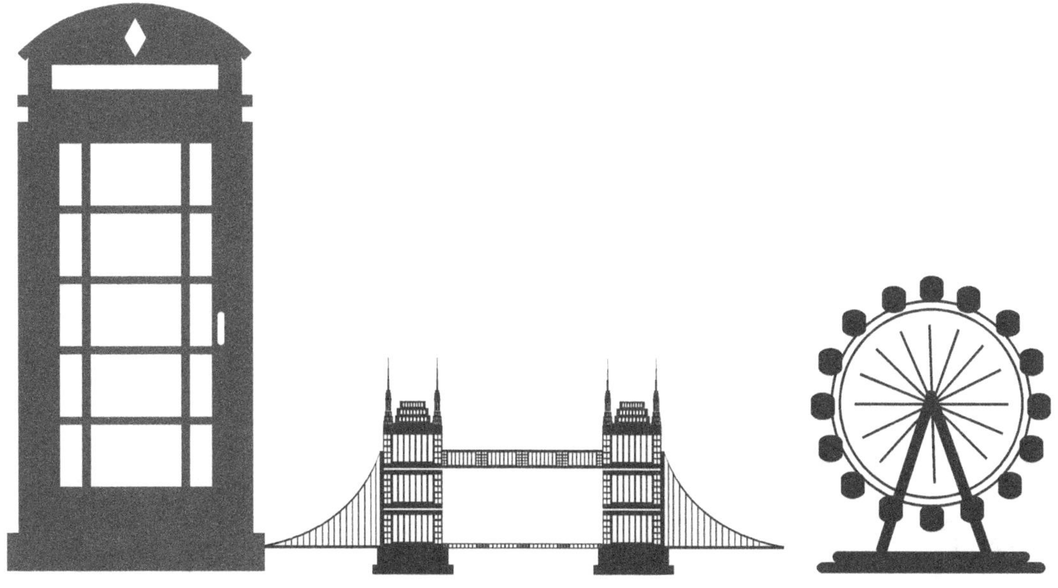

faire	make	membre	member
homme	man	mémoire	memory
gérer	manage	mentionner	mention
gestion	management	message	message
gestionnaire	manager	méthode	method
beaucoup	many	milieu	middle
marché	market	pourrait	might
mariage	marriage	militaire	military
matériau	material	millions	million
matière	matter	esprit	mind
peut	may	minute	minute
peut-être	maybe	manquer	miss
moi	me	mission	mission
moyenne	mean	modèle	model
mesure	measure	moderne	modern
médias	media	moment	moment
médical	medical	argent	money
rencontrer	meet	mois	month
réunion	meeting	plus	more

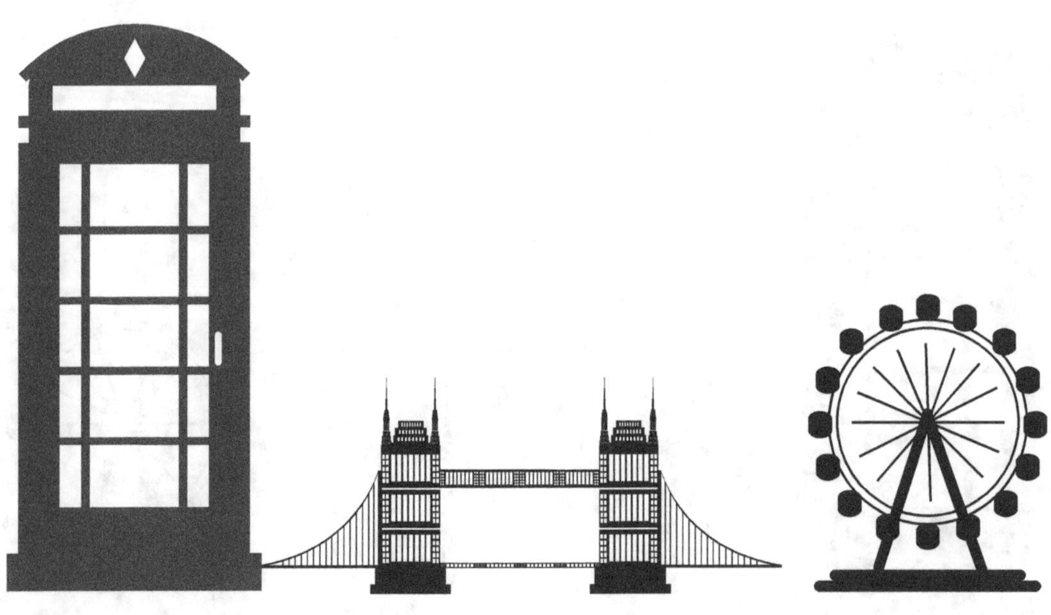

matin	morning	près	near
la plupart	most	presque	nearly
mère	mother	nécessaire	necessary
bouche	mouth	besoin	need
déplacer	move	réseau	network
mouvement	movement	jamais	never
film	movie	nouveau	new
M	Mr	nouvelles	news
Mme	Mrs	journal	newspaper
beaucoup	much	prochaine	next
musique	music	agréable	nice
doit	must	nuit	night
mon	my	no	no
moi-même	myself	aucun	none
nom	name	ni	nor
nation	nation	nord	north
national	national	pas	not
naturel	natural	note	note
nature	nature	rien	nothing

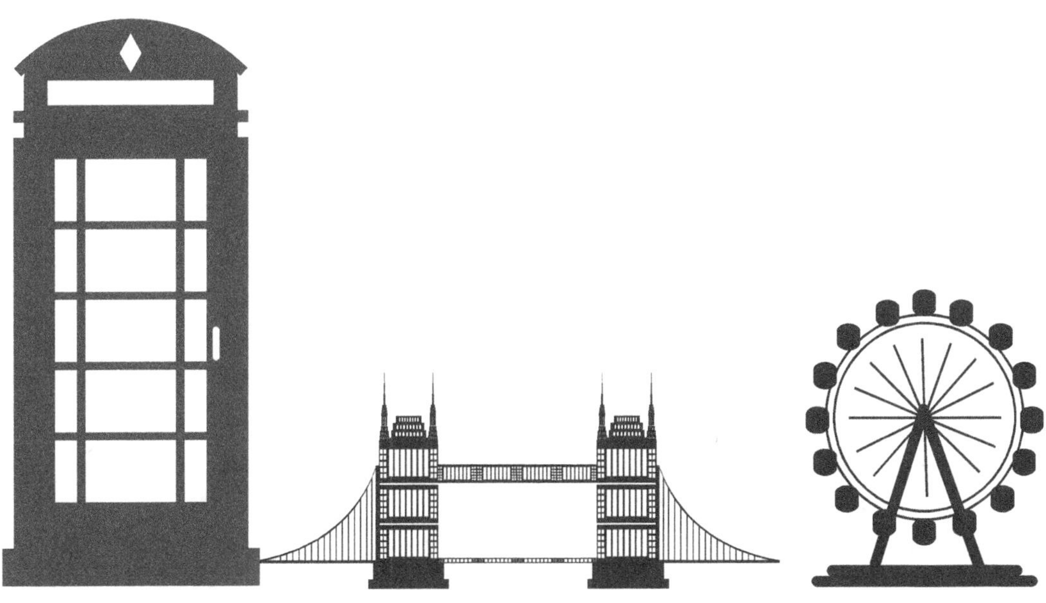

avis	notice	sur	onto
maintenant	now	ouvert	open
nombre	number	opération	operation
se produire	occur	occasion	opportunity
de	of	option	option
off	off	ou	or
offre	offer	commande	order
bureau	office	organisation	organization
agent	officer	autres	other
officiel	official	autres	others
souvent	often	notre	our
oh	oh	sur	out
huile	oil	à l'extérieur	outside
ok	ok	sur	over
vieux	old	page	page
sur	on	douleur	pain
une fois	once	peinture	painting
un	one	papier	paper
seulement	only	parent	parent

partie	part	personnels	personal
participant	participant	téléphone	phone
particulier	particular	physique	physical
particulièremer	particularly	choisir	pick
partenaire	partner	photo	picture
parti	party	pièce	piece
passer	pass	endroit	place
passé	past	plan	plan
patient	patient	usine	plant
modèle	pattern	jouer	play
payer	pay	joueur	player
paix	peace	PM	PM
personnes	people	point	point
par	per	police	police
effectuer	perform	politique	policy
rendement	performance	politique	political
peut-être	perhaps	politique	politics
période	period	pauvres	poor
personne	person	populaire	popular

population	population	production	production
position	position	professionnel	professional
positif	positive	professeur	professor
possible	possible	programme	program
pouvoir	power	projet	project
pratique	practice	propriété	property
préparer	prepare	protéger	protect
présent	present	prouver	prove
président	president	fournir	provide
pression	pressure	public	public
jolie	pretty	tirer	pull
prévenir	prevent	but	purpose
prix	price	pousser	push
privé	private	qualité	quality
probablement	probably	question	question
problème	problem	rapidement	quickly
processus	process	tout à fait	quite
produire	produce	course	race
produit	product	radio	radio

soulever	raise	refléter	reflect
gamme	range	région	region
taux	rate	se rapportent	relate
plutôt	rather	relation	relationship
atteindre	reach	religieux	religious
lire	read	rester	remain
prêt	ready	se rappeler	remember
réel	real	supprimer	remove
réalité	reality	rapport	report
réaliser	realize	représenter	represent
vraiment	really	Républicain	Republican
raison	reason	exiger	require
recevoir	receive	recherche	research
récemment	recent	ressource	resource
récemment	recently	répondre	respond
reconnaître	recognize	réponse	response
enregistrer	record	responsabilité	responsibility
rouge	red	repos	rest
réduire	reduce	résultat	result

retour	return	scientifique	scientist
révéler	reveal	score	score
riche	rich	mer	sea
droite	right	saison	season
hausse	rise	siège	seat
risque	risk	deuxième	second
route	road	section	section
roche	rock	sécurité	security
rôle	role	voir	see
chambre	room	chercher	seek
règle	rule	semblent	seem
exécuter	run	vendre	sell
sûr	safe	envoyer	send
même	same	senior	senior
enregistrer	save	sens	sense
dire	say	série	series
scène	scene	grave	serious
école	school	servir	serve
science	science	service	service

ensemble	set	simplement	simply
sept	seven	depuis	since
plusieurs	several	chanter	sing
sexe	sex	simple	single
sexuelle	sexual	sœur	sister
shake	shake	s'asseoir	sit
partager	share	site	site
elle	she	situation	situation
tirer	shoot	six	six
court	short	taille	size
tir	shot	compétence	skill
devrait	should	peau	skin
épaule	shoulder	petit	small
montrer	show	sourire	smile
côté	side	donc	so
signer	sign	social	social
importante	significant	société	society
similaire	similar	soldat	soldier
simple	simple	certains	some

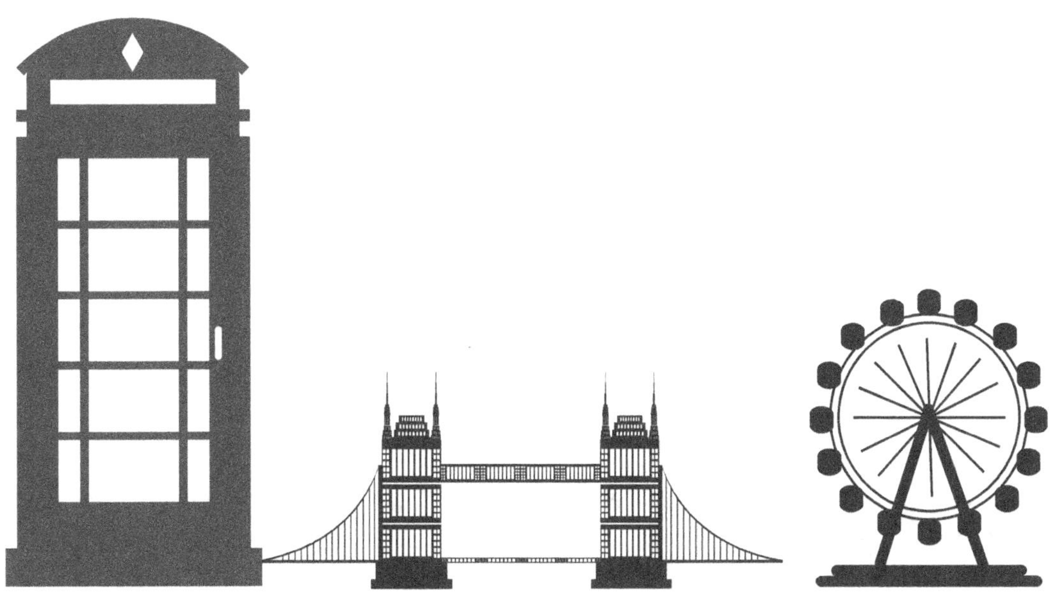

quelqu'un	somebody	printemps	spring
quelqu'un	someone	personnel	staff
quelque chose	something	étape	stage
parfois	sometimes	position	stand
fils	son	standard	standard
chanson	song	étoile	star
bientôt	soon	commencer	start
trier	sort	état	state
son	sound	déclaration	statement
source	source	station	station
sud	south	rester	stay
sud	southern	étape	step
espace	space	toujours	still
parler	speak	stock	stock
spécial	special	arrêter	stop
spécifique	specific	magasin	store
discours	speech	histoire	story
dépenser	spend	stratégie	strategy
sport	sport	rue	street

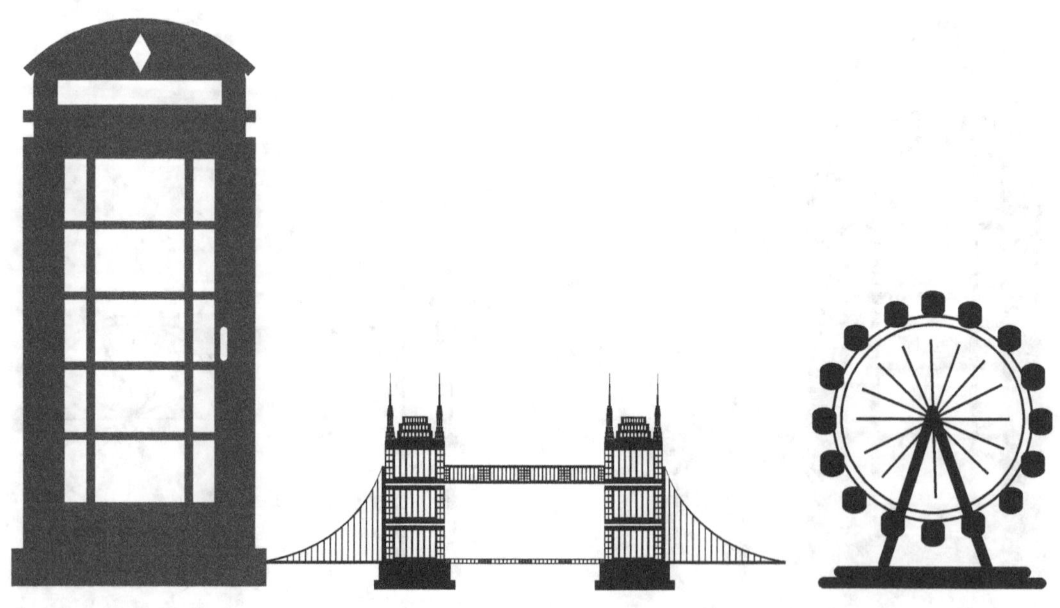

forte	strong	prendre	take
structure	structure	parler	talk
étudiant	student	tâche	task
étude	study	taxe	tax
trucs	stuff	enseigner	teach
style	style	enseignant	teacher
sujet	subject	équipe	team
succès	success	technologie	technology
réussi	successful	télévision	television
tel	such	dire	tell
soudainement	suddenly	dix	ten
souffrir	suffer	tend	tend
suggérer	suggest	terme	term
été	summer	test	test
soutien	support	que	than
sûr	sure	remercier	thank
surface	surface	que	that
système	system	the	the
tableau	table	leur	their

eux	them	lancer	throw
eux-mêmes	themselves	donc	thus
alors	then	temps	time
théorie	theory	à	to
là	there	aujourd'hui	today
ces	these	ensemble	together
ils	they	ce soir	tonight
chose	thing	aussi	too
penser	think	haut	top
troisième	third	total	total
ceci	this	difficile	tough
ces	those	vers	toward
bien que	though	ville	town
pensée	thought	commerce	trade
mille	thousand	traditionnel	traditional
menace	threat	formation	training
trois	three	voyage	travel
par	through	traiter	treat
partout	throughout	traitement	treatment

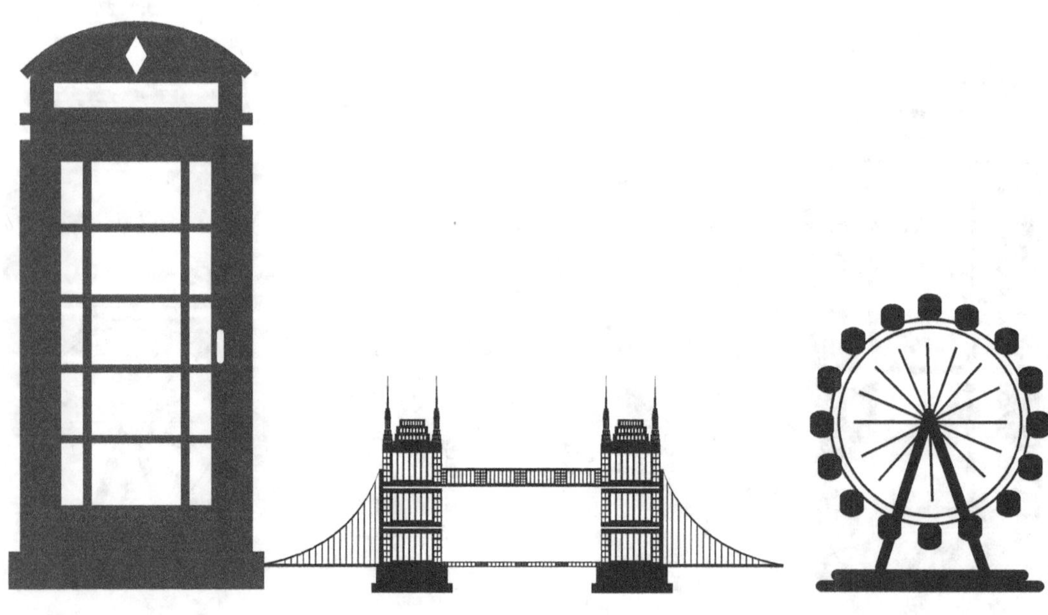

arbre	tree	valeur	value
essai	trial	divers	various
voyage	trip	très	very
problème	trouble	victime	victim
vérité	truth	voir	view
essayer	try	violence	violence
tourner	turn	attendre	wait
tv	tv	marcher	walk
deux	two	mur	wall
type	type	veulent	want
sous	under	guerre	war
comprendre	understand	regarder	watch
unité	unit	eau	water
jusqu'à ce que	until	voie	way
up	up	nous	we
sur	upon	arme	weapon
nous	us	porter	wear
utiliser	use	semaine	week
habituellement	usually	poids	weight

bien	well	gagner	win
ouest	west	vent	wind
ouest	western	fenêtre	window
ce	what	souhaiter	wish
peu importe	whatever	avec	with
quand	when	dans	within
où	where	sans	without
si	whether	femme	woman
qui	which	merveille	wonder
tandis que	while	mot	word
blanc	white	travail	work
qui	who	travailleur	worker
ensemble	whole	monde	world
qui	whom	cour	yard
dont	whose	ouais	yeah
pourquoi	why	année	year
large	wide	oui	yes
femme	wife	encore	yet
sera	will	vous	you